宇宙意志が教える最強開運術

秋山眞人
AKIYAMA MAKOTO

これで開運できなければあきらめてください

さくら舎

はじめに

人には、生みつけられたサガ（性）があります。

私にも、あなたにもある。誰にもある、その人固有のものです。人生には、うまくいくときがあり、うまくいかないときがある。どちらのときにも、見えないところで働いているのがサガです。

エンジン全開に感じるときには、ウキウキする高揚感がやってくるし、ブレーキがかかったと感じるときには、やり切れない無力感が打ちのめす。

そのサガというやつは、自分で選んだものではない。気がついてみたら、すでにそのようなものとして、自分の中にあったもの。だから厄介です。どうにも変えようがない不敵な存在感があるからです。

仕事で成功したい。お金持ちになりたい。豊かな恋愛をしたい。幸せになりたい……幸せこそ人生の目的です。そこにサガが関わってくる。そのサガを変えるのが開運です。

「どうか開運の年になりますように」とか、「あれこそ強運の人だな」などといいますが、これからお話しするのは、その「開運」「強運」の秘密です。

みんなができないと思っていることをやるのです。サガを変えるのです。

私が誇れるのは、生みつけられたサガを自分の人生の中で変えてきたことです。それを自分の人生で証明してきたといえることです。

それも、「ちょっとしたコツで変えていくことができるんだ」ということが、証明できた。それは大変うれしいことでした。

サガという生みつけられた枠組み。これは、物質的牢獄と言い換えられるかもしれない。そこから自分で自分を開放する手段が、じつはたくさんあります。

そのことをわかってもらいたいし、私が60年近くの人生で学んできたことを、今、何らかのいきさつで、生みつけられた枠組みの中で悩んでいる方に、お話ししたいのです。

社会にもサガ（性）があります。

社会というものは、発展すればするほど縛りが多く、きつくなる。個人をがんじがらめにしてしまう社会のサガ。この話を私は20代で聞きました。

有名な心理学者の大谷宗司先生で、防衛大学校で戦略論を研究されていました。ユリ・ゲラーが、最初に来日したときに立ち会った先生です。とても勇気のある先生ですが、もうお亡くなりになりました。

この先生は、私にこういわれました。

「社会は大きくなればなるほど、発展すればするほど、困ったことにお互いを縛り合うんだよ」と。

この社会のサガを変えることができるだろうか。これは自由のとらえ直しです。「自由精神開拓団」というネットワークを、10代の後半につくったことがありますが、当時の超能力少年少女たちの集まりでした。その生き残りの人たちと、自由のとらえ直しについて話し合いをしてきました。

「美しい自由とはなにか。ぼくたちはかつて自由な能力を感じ、体現したけれども、いま、なぜ自由ではないのか？」

そのときに到達した「美しい自由」の定義が「自他共楽＝自由」です。それをずっと求めつづけていけば、社会は少しは楽になっていくのではないか。

幸せになるためには、自分のサガと社会のサガを変えなくてはならない。しかも変えることができる。私は、いまだにそう思っていて、研究を続けています。

そのための方法論も含めて、自分のものとしてすでに持っている、サガを変えるいろんなコツやら、見方やら、トレーニングの仕方やら、生活改善の方法を、これからお話ししていきます。

なるべくわかりやすく、どんな方にもわかるように話し、伝える。これが、一番難しいのです。お年寄りにも、若い方にも、わかりやすく、かつ楽しく。

いい感情で学べないかぎり、なかなかこういったものというのは身につかない。だから、楽しく勉強してほしい。

この本は、たぶん私が生涯で吐き出す基礎的強運・開運法の決定版になるんじゃないかと思っています。

『宇宙意志が教える最強開運術』ですから、これで運が開けなかったらあきらめてください……ということになりますが、『宇宙意志が教える』というフレーズは何を意味しているのかを、少しだけ述べておきましょう。

私の先生というのは、言葉にするのがむずかしいのですが、宇宙存在といいますか、そういうものです。

自分が、こういう不思議な能力に触れたのは、13歳のときに大きなＵＦＯを見てからでした。だから、具体的な師匠がいないまま、そういう何となく宇宙的なものの導きというか、声に導かれるままにいろんな人に会ったりしてきました。

またあるときは、自分の中でいろんなひらめきがあったり、いろんなビジョンを見せられることがあって、それにずっと従ってきただけなのです。

56歳になってから大学院に行き直したのは、「言葉の整理をするといい」という啓示を受けたからです。「言葉の整理か、何をやったらいいかな」と考えました。

本を読むのはもともと好きで、自然科学、哲学、社会学、宗教、医学と多くの本を貪るように読みましたけれども、言葉を非常に厳しく研ぎ澄ますのが大学院の授業でしたから、それはたいへん役に立ちました。少しだけ言葉の整理ができたように思うのです。

「もともとそういう不思議な能力があったのか、13歳の体験をきっかけに開いたのか」とよくいわれますが、開いたのです。本当にそういうものを見たのが大きかった。体験は真なりということです。

静岡県の藤枝市という所でしたが、大きなＵＦＯがよく出るというので、地元では大騒ぎになって、当時の新聞にはその目撃談が載っています。夏場に伊豆へ遊びに行ったときも結構ＵＦＯをよく見たりしました。

伊豆の大室山という、すり鉢のような山がありますが、そこの上でたくさんＵＦＯを見たことがありました。

焼津からちょっと先に行った、用宗という所がやっぱりＵＦＯの集中出現があって、ものすごく話題になりました。それも１９７０年代です。

用宗は、ＵＦＯを見に来る人のために屋台まで出たといって、当時の雑誌にも記事が載っていました。用宗は、断層のある所です。そういうものの出現は、場所に根付いているものがあるようにも思います。

あの近くの大崩海岸は、古代の地層のところから温泉が湧き出しています。ピラミッドみたいな当目山という山があるのですが、やたらあの周りはピラミッド型の山がいっぱいあったり、石座《いわくら》があったりして、面白いところです。

歴史と場所と宇宙と――とんでもない話の組み合わせに聞こえるかもしれないし、単なるオカルティックなデタラメ本に見えるかもしれません。

しかし、そこには見えない運の力の問題がかかわっているのです。これはけっこう合理的なお話なのです。

ぜひゆっくり読んでいただいて、あなたの現実的な運命の変革に挑戦してみてください。

運を開くことは、本来、人生で最も楽しいことのはずです。

目次◆宇宙意志が教える最強開運術
——これで開運できなければあきらめてください

第1章　仕事の開運術

第2章　お金の開運術

運を上げるための最高のトレーニング・グッズ

宝の山に住んでいることに気づく人・気づかない人

第3章　健康の開運術

口とガマグチとの不思議な関係

今日も自分の体を味わっていますか？

第4章　恋愛・人間関係の開運術

第5章　生活・人生の開運術

セフィロトという生き方の知恵

人生を上昇機運に乗せるシンプルな訓練

宇宙意志が教える最強開運術

――これで開運できなければあきらめてください

プロローグ　命を運ぶ

1 「とても不思議な場所で、僕は大人にならなければならないんだな」

運命という言葉があります。そこから「運」という言葉が単体で出てきている。これは要するに「運ぶ」という意味です。「運ぶ」とは、自力でコントロールするということ。

運命という言葉のなかに、「自分でどうするか」が突きつけられているわけです。

運命、逆さに見れば「命を運ぶ」。私たちは、オギャーと生まれた瞬間から「命をどう運ばねばならないか」が突きつけられる。すべての赤ちゃんが、運命のもとに生まれるとは、このことです。

オギャーと泣くことによって、周りの人に激しい訴えかけをする。この一声で、ミルクだのおしめの取り替えだのをしてもらえればいいのですが、なかなか。その段階から運不運が分かれてくる。丹波哲郎さんにいわせれば、子どもの魂は親を選んで生まれてくる。

そんなふうにもいわれるわけですが、どういう因果なのか、難しい環境に生まれてしまうお子さんがいるし、逆に恵まれすぎて、運というものがわかりにくくなる環境に生まれてくるお子さんもいるのです。これはいったい、どういうことなのか。

小学生のときに、疑問を感じたことがありました。当時は、産めよ殖やせよのマンモス学級といわれた時代で、私の小学校では、クラスが11クラスありました。40名ちょいのクラスが11クラスです。

　まさしく学校は子どもだらけ。3クラスぐらいしかない学校で、子どもの運動会があると「うるさい」といって近所の人が怒鳴り込んでくる現代とは違って、学校は毎日お祭り騒ぎでした。

　そのお祭り騒ぎの中で、小学生の私自身が非常に疑問を感じたのは、子どもたちは一様ではないという事実です。

　ほんとうに体の弱い子どもがいる。根っからのいじめっ子がいる。よくしゃべる女の子がいるし、校舎の隅でずっと聞き役に回る女の子もいる。

「私はかわいいわよ」という表現の非常にお盛んな女の子もいたし、「僕は絶対に東大に行って有名になるんだ」と、早くも言い始める子どもたちもいました。

　事実、それぞれの運命は、そこを始点にして扇状に広くわかれていくわけです。

　しかし、なんでなんだろう？　私は、小学校2年生のときに疑問に思いました。なんでこの年齢で、こんなに多種多様な人間がいるんだろう。

　これが、たぶん社会というものを見た最初の疑問点でした。

「とても不思議な場所で、僕は大人にならなければならないんだな」、そう思ったのを覚えています。

そもそも生みつけられたサガ（性）があって、このサガは本当にそれぞれ形が違っています。そして、その尖った角と角がぶつかり合って、またさらに成長する過程の中で変形し、変幻していくわけです。

これが世界というものなのか？　人生というものなのか？

この疑問は、成長と並行して、つねに自分のなかでうごめきつづける疑問でした。

この生みつけられたサガのようなものは、生まれたときから何となく決まっている台本のようなものなんだろうか？　僕たちは、それを生涯かけて、演じつづけなきゃならない生き物なのかな。そんなふうにも思ってみたりしたわけです。

2「人間の心は、生みつけられたもの（サガ）を変えるのだな」

私が、自分のサガ（性）を強烈に意識せざるをえなくなったのは、13歳のときでした。世にいう超能力ブームというものが巻き起こりました。

ユリ・ゲラーが来日しました。テレビで、視聴者との間をつなぐリアルタイムの超能力の実演が行われます。その夜から、たいへんな日本になりました。ユリ・ゲラーブームです。日本の各地の少年少女たちがそれに呼応しました。

当時のメディアが、僕たちのことを「超能力少年」と呼んだわけです。人間の心が、硬い金属であるスプーンを曲げてしまう。頭に思い浮かべたものが写真に写る。そんな念写ができたりしてしまう。

それを名だたる学者さんが、「やっぱり本当なんだ」、「うそなんだ」と真剣に論議する。その様子を、また子ども心に見ることになったのです。

13歳で、何となくわかってしまったことがありました。「人間の心は、生みつけられたもの（サガ）を変えるのだな」という新しい知見です。

スプーンだって、金属が成形されて大変重要な目的を生みつけられています。それで、私たちの口にカレーを運ぶわけです。生みつけられたものに対してもの言うことのできぬスプーンでさえ、人間の心は、直接的にそれを変化させるんだ。

フィルムだってそうです。

人の情景をピンホールの原理でフィルムに写し込んで、記憶をさらに強化するためにアルバムに写真を残す。フィルムは、そういうサガを生みつけられていながら、心が介在することによって、レンズをふさいだカメラの中にも映像が映ったりする。

そういうことを如実に自分自身も経験したし、いろんな方のことを見ることができたわけです。

当時、日本念写協会というものを主宰された宮内力さんという方がおられました。私は、ちょっとおもしろい資料を持っています。

宮内さんが主宰された日本念写協会の顧問は、当時参議院議員だった石原慎太郎さんなんです。

彼が、宮内さんの研究の集大成を『現代の念写とその実験的証明』という豪華本の形で、自費で出版された。

石原先生は、その後何冊かいろんな人たちの研究も出版されました。

石原先生は『現代の念写とその実験的証明』の冒頭で、こういう趣旨のことを述べています。「かつて福来博士が」これは鈴木光司の小説『リング』『らせん』のモデルになった、超能力を戦前研究された福来友吉博士のことですが、「この博士がこういう不思議な現象があると発表している」。

つまり、「心には、直接ものに生みつけられたサガを変えてしまう力がある。性質を変えてしまう力がある」と。

ただ、某朝日新聞というのが、これをたたきました。その当時から、こういうことを信じる人たちと信じない朝日の対決というのが、毎度毎度の相撲の取り組みみたいになってくるのです。石原先生は、こういっています。

「かつて福来博士によって発見、創生された念写は」、つまり日本で発見されたんです、この念写という現象は、「人間の超現実能力を明かす証しとするきわめて独創的な方法として、外国の専門家・有識者の強い関心を引き大きな評価を得たが、科学を盲信し信仰の力学たる人間の超現実的能力と科学技術の範疇的な格差を理解できぬ日本の社会事情によって歪められ、正当な評価を得ることがなかった」

こう書いてあるわけです。

石原先生にいわせれば、「社会のパラダイム、当時の枠組みというものがこういったものを受容しなかった。なかなか受容しにくかった。だから正当な評価を得なかった」ということなんです。

この石原先生の叫びのようなものは、いまだに変わることがなく残響しています。

しかし、この日本念写協会は、戦後になって再びそういったものをちゃんと評価しなければという人たちで再組織されました。

ここがどういうことをやったかをご紹介すると、まずは一般の人に、封筒の中に入った印画紙を渡して、みんなで念じて、いろんな映像を写そうとしてみた。そうしたら、本当にそこにいろんなものが写ったのです。

特定の、手品師だかなんだかよくわからない、怪しい能力者にやらせるのではなくて、一般の人にやらせたのです。そうしたら、いろんな映像が実際に写るようになったのです。

さらにその中ですごいことが起きた。ある方がこれをやられた。それは、釈《シャク》さんというお坊さんでした。そのお坊さんが念写をされたのですが、そうしたら、白黒フィルムにカラーの色が写ったのです。

こういうことが起こり始めた。この実験フィルムは、フィルム会社に持ち込まれて、これはどういう現象なんだと調べてもらうことになった。

フィルム会社からは、「化学変化が起きたとしか考えられない」という検証結果がでました。これが白黒フィルムに色が映った実例なんですが、不思議な現象はまだあります。

実際に感光しているフィルムが未感光の状態の黒い状態に戻って、そこにまた別の映像が写るという現象が起きました。

すでに何かの映像が写っているフィルムが、未感光の状態に戻って、そこに新たにまた別の映像が写る。こんなことが起こりはじめたのです。そのように念写というのは奥が深い。

意識が、ものの性質を変えることのさまざまな実例を示して、宮内力さんは研究をされたのです。この方は、とても学術的な方でしたが、依頼されればテレビにも出演されました。

念写をテレビで実験したところ、一般の方、タレントさんでも写すことに成功している記録があります。

　さらにその可能性を探る実験が行われ、その実例がいろいろと積み重ねられてきました。その当時の能力者の子どもの実験でこういうものがありました。自分の家の近くの風景を念写した様子です。

「エイ！」とこの子はポラロイドカメラに気合一発で念写をすると、その家の屋根の部分が360度回転したように写るのです。

　当時建ったばかりの京王プラザホテル。超高層ビル時代の幕開けでしたが、これを念写した。そうしたら、奇妙な形が写ったのです。

　ふつう上空から京王プラザを見たら、当然上のほうに向かって開いて見えるはずです。ところが、ぺたんこに写るわけです。

　ものすごく高い位置から俯瞰しているのだけれど、遠近はめちゃくちゃに写る。つまり、明らかにその人の心象、心に描いたものが写るんだ、ということが見て取れる映像なのです。

　さらに面白いのは、音楽を念写させたことです。

　音楽を聴きながら、その音楽の雰囲気を念写させたのです。そうすると、実際に楽譜が写ったり、有名な指揮者が指揮をしている光景が写ったりしたのです。

　われわれも、超能力少年としてそういう実験にも参加したのですが、そういうことも起こりました。こういう現象の奥行きというものは、大変な可能性があるぞ、ということが示された実験だったと思います。

3「みんな、差別的な仕切りを変えられないんだな」

しかし、その時に非常に強く感じる別のことがあったのを忘れることはできません。それは、社会というもののサガ（性）でした。

子どもの目から見ている大人社会は、最初の半年くらい非常にヒステリックに持ち上げました。すごい、すごい、革命だ、革命だ、奇跡だ、奇跡だと半年ぐらい持ち上げた。

オウム真理教問題以上の騒ぎでしたが、テレビ番組のワイドショーは朝昼晩、超能力、超能力と騒いだ。それが半年たったら、今度は逆ヒステリーで、うわーっと攻撃するのです。

今じゃ本当に考えられないけれど、有名な新聞の論説委員が僕たちの顔をこうやって指差して、「こんな子どもたちのやるいたずらに、だまされたらいけませんよ！」と、こう言うんです。一気に、テレビ司会者も含め、「ああ、そんなものはないですね。トリックですね、パチパチパチパチ」みたいな話になる。

そのうち何人かの手品師が出てきて、手品師にやらせればこんなふうに同じようなことができるんですよと、こういう話になってくるわけです。別にスプーンを曲げてもみんな喜んでくれないし、念写をやったところで、無視されるようになる。

「コペルニクス的転換だよ、秋山くん」と言っていた学者たちが、社会に迎合して、「そんなことを言ったっけ」というように一変したのです。

僕たちは子どもでしたから、四面楚歌だった。何の反論もできなかったのですが、結論として、非常に強く感じたのは、やっぱり大衆は、こういう僕たちのやったようなことが怖いのだなということでした。

心の力で、運命を変えるような、ものの性質を変えてしまうような、そういう奇跡的な変化を受けとめられないのです。

一方で大変喜び、奇異な目で見る反面、ものすごく怖がっている。怖気づいた犬が、何かに吠えまくったり、牙を剥いて噛むように。

恐れている犬というものは、噛むときに、最初に歯をぶつけてくるのです。カチンとぶつける。その後本気で噛むのです。

最初は、ユリ・ゲラーや、関口淳くんという非常に注目された超能力少年がバンとたたかれて、その後そういう文化全体がたたかれたのです。

やっぱり、革命的な変化は受け入れないのです。人間が生みつけられたサガ、たとえば家柄でもって自分の運命が決定づけられてしまう、学歴でもって決定づけられてしまう、思想でもって決定づけられてしまう。

要するに、生みつけられた運命を受容するほうを選ぶのです。サガというものは、いってみれば差別的な仕切りです。

私は、あえて「差別」という言葉を使いたいのですが、「みんな、差別的な仕切りを変えられないんだな」と思いました。死ぬまで、生涯変えられない。そのまま受容する。それが社会なんだな、と思い知らされました。

しかし、私には、これは受け入れられないことでした。

こういうサイキックなセンス以外に、他に何の趣味も喜びもなかった少年時代の私が、逆にいえば、ここまで自由に面白く生きられるようになったのは、やっぱり唯一の能力を信じたからなのです。自分の能力は生きる武器なのです。

当時のテレビ局は、ＴＢＳと日本テレビが、それぞれ２００人ずつぐらいのそういう不思議な能力を持っている子どもを集めていたのです。

その４００人で、朝昼晩とワイドショーをやったのですが、短期間に社会の二つの顔を見せられて、少年たちは混乱に陥ったのでした。

その子どもたちは、精神的に追い詰められておかしくなったり、社会に適合できなくなったり、隠遁生活といいますか、そういう事で取り上げられたことを親が伏せて隠れたりしました。そういう人たちが多かったなかで、何人かが生き残った。

この能力そのものを、１つの自分を変える武器、社会を変える武器にして戦っている子たちでした。ただ、本当に数えるほどしかいない。

4　「彼らでチームをつくるから、3カ月間いろいろ教えてあげてくれ」

この少年たちの中には、他の分野で才能を発揮した人は結構いるのです。彼らは、そういった能力者といわれた過去を隠しているので、知られていないだけです。

ちょっとこの本の中では実名は書けないけれど、あるビジネス分野の世界でトップに上りつめた人もいます。

この人は有名な人ですが、じつは若いとき、優秀な超能力少年だったのです。空中に放り投げた傘をグニャグニャに曲げちゃったり、手のひらを置いただけでフィルムを感光できるぐらいの能力があった人です。

当時、非常に注目されていたのですが、親のいろんな思いもあってなのでしょう、早いうちに表から引いてしまった。で、気がついたらある分野のトップになって活躍していた。そういう人です。

一時期、世の中の流れがまた変化したことがあります。そういう特殊な能力の持ち主が、再評価された時代があったのです。

1990年代の初頭には、そういう人たちを積極的に登用をするという不思議な流れが企業の中に生まれていました。

エレクトロニクスでは、パナソニックもソニーも、車のメーカーでいえば、日産もホンダも、少しずつそういうことをやりはじめました。

やっぱり、そういう能力が企業の新しいクリエーティブには絶対に必要だ、と考え直したのでしょう。

私も、ホンダの朝霞にある研究所で、集められた400人の技術者を前にして講演をさせてもらいました。まだ20代でしたけれど、本田宗一郎さんにこんなことを直接いわれました。

「バーッと技術者の顔ぶれを見て、ちょっとね、なんかこの人はそういう能力があるぞというのを、秋山くん、探してくれ」と。

「ああ、あの人とこの人、この人がそのように思います」という報告をしたら、今度は「彼らでチームをつくるから、3カ月間いろいろ教えてあげてくれ」といわれました。

結局は、その人たちが非常に優秀なエンジンの改革に成功するのですが、このプロジェクトは、いろいろな点で、大変に面白かったものです。

私が印象深く覚えているのは、そのうちの1人はフラスコの中につるしたひもの先に付いている5円玉を、こうやって目で見るだけで動かせるぐらいの能力が出たことです。ものの創造性に切実な関心のある、いろいろな分野の人たちが、私たちを訪ねてきました。ビジネスの最先端の現場にいる人たちというのは、マニュアルがない世界を切り拓いている人たちなのです。

芸能界でやっている人たちもいたし、投資をやっている人たちもいたし、先端技術の研究をやっている人たちもいたし、未来でないと結果が見えてこない医療だとか、農業だとか、そういった分野の人たちも、いろんな形で訪ねてきたのでした。

これは、大変に面白い経験でした。そのころ一緒にワイワイやっていた人たちが今、みんな偉くなっていろんな功績を残して社会を変えていっているわけですから、とてもうれしい限りです。

こういった経験は、結局、自分の人生で、自分自身が生みつけられたサガ（性）を、ある目的に対して有効なものに変えていく経験です。

サガからはじまり、それをちょっとしたコツで変えていく。そうして社会に貢献するに至る。そういうことができるんだということを証明できたのは、それは大変うれしいことでした。

5 「美しい自由というものは、何なんだろう」

「まえがき」でも触れましたが、昔ある心理学の先生に言われたことがあります。先生は、社会というのは発展すればするほど縛りが多くなるんだよと、こう言われた。

有名な心理学者の大谷宗司先生です。社会もそのサガ（性）を持っていて、つまり今のまま社会が発展すると、やっぱり個人をがんじがらめに縛り尽くしてしまう。

20代でこの言葉を大谷先生から聞いたのですが、「そういう時代が来たら嫌だな」とそのときは思ったものです。

しかし、今回のコロナ禍が起こりました。

多くの方も思ったことでしょうが、ああこんなに自由というものを発展させた社会であったとしても、人権というものを守り合う社会が発達したとしても、風邪ひとつで、国家が戒厳令を出してしまうんだ。そう思いました。

社会がここまで縛られて、自由であれという声が届かなくなるんだと。ああ、大変な時代がまたやって来た、というふうにも思うのです。

だから、私はまずこの本の中でいいたいのです。生みつけられた枠組みであるサガ（性）、物質的牢獄と言い換えられるかもしれないサガから、個人が自分で自分を開放する手段がたくさんあるよ、と。そのことを皆さんに理解してもらいたいのです。

その次には、自由の捉え直しです。また昔話に戻りますが、10代後半ぐらいのときに、「自由精神開拓団」というネットワークをつくりました。

ちょっとうがった名前なんですけれど、そのネットワークを通じて、超能力少年少女の生き残りの人たちと連絡を取り合いました。とにかく、そういうセンスを持った人たちを集めて、みんなで話し合いをしようや、と。で、自由の捉え直しをしようや、と。

僕たちは、かつて自由な能力を感じたけれども、なぜそれを感じたり体現した僕たちが、いま自由でないのだろう、ということを、いろいろ問題提起したのです。

そして、「美しい自由というものは、何なんだろう」ということを考え合う会合をやったのです。

結局は、4000人ぐらいの人が集まりました。

今でも忘れないのですが、三鷹に「青年の家」というのがあって、そこは1泊数百円で2食付きで泊まれたのです。そのうえ、大広間で一晩中ずっと話ができたのです。

みんなで集まっては、いろんなことを言い合いながら、「こんなことができる可能性があるよ」「こんなことを経験したよ」と、話し合いをしていたのです。

当時、室生忠さんというジャーナリストがいて、取材に来られました。

その頃、「新人類」という、流行《はや》り言葉があって、その子どもたちが集まっている面白いサロンの1つとして紹介されたのです。それを知ってか、こんどはNHKが取り上げます。

桐島ローランドくんを連れて取材に来て、一緒にワイワイやっているところを、自由にNHKの人たちが撮影した覚えがあります。

やっぱりそれはそれで楽しいなと思いました。メディアにも見る目がある人がいるんだな、なんていう気持ちにもなったのです。

そこでも、たくさんの人たちと討議する中で、「ああ、こんな自己解放の方法があるのか」「こんな自由のつかみ方があるのか」と、自由というものについての考え方が整理され、次第に問題の核心の形が見えてきました。

自由というのは「自らを由《よし》とすること」です。己を己として認める方法です。

人間は結局、自己評価に対しては一番厳しいものですから、その厳しい自己が、自分を認められるならば、それが本当の幸せの基準なのではないか。そう考えてもいいのではないか。

これは、自分の自由です。「こうしたい」ということを他人に話したときに、それが社会的に受け入れられなければ、それはそれで「自由じゃない」わけです。

逆に、社会が要求しても、自分が納得できなければ、それも「自由じゃない」わけです。

自由というのは「自他共楽」でなければならない。自分や周りが共に少しでも楽しく感じられるものでなければ、押し広げられないものなのです。

6「われわれはあきらめてはいけない」

この社会をふりかえると、宗教が人を自由にするとか、思想が自由にするとか、戦後の混乱期から、われわれは精神論を求めて、さんざんいろんなことを社会的に叫んできました。それらは結局のところどうだったのか。

今日もニュースを見ていて、学生運動の時代に、警察官に火つけて、殺せ、殺せといって、角材でボコボコにした人が裁かれていました。逃亡の末に、今になって裁かれているのです。マルクスのいう平等で自由な社会を求め、今になって裁かれている者の側を若者が支持して、不自由不平等になっていった時代があったのです。

平等で自由だという、マルクス思想の国家が2つ誕生したけれど、結局それもマルクスどおりにはいかずに、いまだに階級闘争と戦争に明け暮れているのです。共産主義国家が覇権主義になるなんて考えられもしなかったことです。

若者は、自由を求めてとんでもない裏切りに遭いました。これは思想の裏切りです。

そこで路頭に迷った若い人たちは、一気に宗教の世界へ入っていきます。これが、戦後の昭和30年、40年の新興宗教ブームです。

農業をやろうという新興宗教から、瞑想すればあなたも変われる、オーラを手でかざせば変われる、なんかの呪文を唱えれば、なんかの経文を唱えれば、自分も社会も変えられる、というものまで大変いろんなメニューが出ました。

いまだに生き残っているものがたくさんあります。

しかし、ご存じのとおり、自由を求めてできた新しい宗教が、結果として若い人たちやらお年寄りやらをやっぱり締めつけています。縛りつけているのです。

過剰な、驚くほどのお布施を巻き上げつづけています。こういう実態も明らかになってきています。

若かった私は、「やっぱり自由を求めなきゃ」という若者たちの叫びのもとに、当時、自由精神開拓団というものをつくったんだけれど、いまだに願いは変わらず、「われわれはあきらめてはいけない」と思うわけです。

「自他共楽＝自由」という定義を求めつづければつづけるほど、よくなるはずだ、それによって、私たちの社会は少しずつ楽になっていくんじゃないかなと、今も思いつづけているのです。

第1章　仕事の開運術

成功を招き寄せるちょっとした祈りと禊ぎのアイデア

1　目的設定のゴールは、感覚がゾクゾク感じとる細部のリアリティ

ポジティブだけではダメ

バブル時代、私は20代でした。「えっ?」ということが、しょっちゅう起こるのです。今日買った絵画が、1週間後に10倍になるというようなことがあって、隣で一緒に仕事をしていたサラリーマンが、買った絵を売って、それを資本にして「今から会社の社長になる」といって出て行った。

あっという間に入ってきて、あっという間に出て行ってしまったのです。

「いやぁ、世の中すごく動いているな」と思いながら、もともと公務員だった私は、そういったものになかなか乗り切れずにいたものです。

バブル期まっさかりよりも、崩壊してからのほうが、ポジティブシンキングやら新自由主義

的な考え方でビジネスを見る人が、すごい勢いで増えてきました。しかし、結果どうだったか。
ふたを開けてみると、真相はこうでした。当然、数字で眺めてみればはっきりすることですが、新自由主義が経済を高揚させたとは到底思えない。成果を出すどころか、どんどん状況を悪化させていたのです。

嫌なことを見ないで、ポジティブに考えれば成功するというのは、むなしい信仰だったのです。「ポジティブに考えることがダメだ」といっているわけじゃありません。それは、重要です。

目的をはっきりさせて、いい夢を見ることもとても大事。それがなきゃ誰も何もやりません。絶望の人生です。

それは重要なんだけれども、もうひとつ大事なことがある。こっちを皆さん無視しているように、私には思えるのです。

自分なりの目的を持っていて、成功の人生を歩みたい、将来大きく自分を変えたいんだ、自分の自由にしたいんだ、社長になりたいんだ、お金持ちになりたいんだ、という考え方がもしあるとすれば、最初に設定する「自分自身をどうするか」という問題が一番大事なわけです。

空想に遊ぶ

人間の潜在意識には、確かに莫大な「サガ（性）を変える力」があります。これを自分のイメージどおりに使えれば、大変なことになるわけです。世の中の大きな変革というものは、集団が変えるということは少なく、1人の人間が突然変えるものです。エジソン、ニコラ・テスラ、無線電信機を発明したグリエルモ・マルコーニ。こういう1人の人間が、突然に世界を変えてきました。ヘンリー・フォードもそうです。こういう人たちの行動には共通点があります。

誰にも共通しているのは、初期設定のあり方です。彼らがのちのちになって著した自叙伝を読んでみるとわかります。みんなに共通していえるのは、コンピューター用語を借りれば「初期設定」なんです。そこに違いがある。

何かをやりたいと思った場合に、目的のイメージをはっきりさせることが重要です。当然のことですが、そこが徹底している。誰でも目的のイメージを思い描くものですが、それが透徹しているのです。

行きつくところに行きついているのです。もう既にそこに生きているように描いているのです。その空間に遊ぶぐらいの気持ちを持つことが重要なんだ、とわかります。

「成功を目指したいんだ」という人に、まず最初にお話しするのは「目的の明確化」なんですが、しかし、「はっきりさせる」だけではまだダメです。ではどうすれば、よし、といえるのか。その答えは、「リアリティを持たせる」です。

触覚が決め手

リアリティが出現するまでのプロセスは、次のようなものです。

たとえば、「将来どういう所に住む？」という話をしていて、あなたは「海を見下ろせる丘の上の大きな家に住みたい」と思ったとする。

こう思っただけでは、「まだまだだね」ということです。リアリティに接近するには、こんな自問自答がはじまればいいのではないか。

「まず、その家の中を、心の中で歩き回ってごらん」と、自分にいってみる。歩きまわれば、足音がするでしょう。

「その広い空間の中で足音はどんな音がする？」「床は木なの、大理石なの？」「大理石だったらどんな音、木だったらどんな音、カーペットだったらどんな音？」

感覚がとらえるのは音だけじゃありません。で、「壁紙に触ってごらん」といってみる。「壁紙はどんな質感なの？」「部屋の温もりは？」「そこにどんな人たちにいてほしい？」「どんな会話をお互いにしたい？」

リアリティに接近してくると、どんどん面白く、楽しく、ドキドキしてきます。

さあ、バルコニーに出てみよう。

「どんな光景が見える?」「その丘の上の大きなお屋敷に吹いてくる海風はどんな香りなんだ?」「そこには、どんな花が咲く?」「どんな花を咲かせたい?」

と、どんどん続いていくでしょう。

本当に細かく、五感でもってイメージするのです。特に重要なのは触覚です。イメージの中で触れるぐらい思い描くのです。

海際の丘の上の大きな家を、しょっちゅう思い描く。一瞬でできるもんじゃないからです。しょっちゅう、心の中のその家に戻り、その家の中を歩いている。夜寝る前には、未来でそうなっている、すでに実現している自分の家に住むのです。

1分間なり5分間なりを、そのイメージの中で過ごすことが大事なんです。

これこそが、幸福への本当の意味での祈りであり、イメージングなんだと思います。

住む家に限らず、どんなジャンルの希望であっても同じです。あとはただの応用問題。大元にあるのは一つです。このことをまず皆さんに知ってもらいたいのです。

2　わざわざ人を褒めにいく、おいしいものをちょっとだけ食べる

底が抜けた茶筒

新しいことをしようと思ったら、「禊《みそ》ぎ」が大事になってきます。

今までの人生の中で、自分の体に接続させて強く縛りつけてしまったイメージがあります。それを禊ぎで払い落とす。どんな人も、いろんなものが体に付随しています。

「私は、今までこういう人生だった」「私は、今までこういう失敗をしてきた」「私は、今までこういう危険な目に遭ってきた」「私は、今までこういう病気に悩まされてきた」……。

ネガティブなイメージといっても、一つではありません。それはすぐに思い浮かんだだけで、その中には、もっともっと大量のネガティブイメージが、ぎゅうぎゅう押し込められているわけです。

新自由主義的な発想であれば、事情は単純です。

ポジティブな考え方とか、ポジティブなイメージを大量に上から入れましょう。人間の心なんかは底が抜けた茶筒のようなものだから、マイナスは下からどんどん自然に出ていくんだ。こういうのですが、はたしてどうでしょうか。

正直にいって、そういうイメージを持つだけでは、なかなかネガティブマネジメントはできないのです。

ポジティブシンキングの人たちが、それだけで世の中を変えようとして、結局できないでいる最大の理由は、ネガティブマネジメントができていないことによるのです。

サガのポイントが切り替わる音

自分の形であるサガ（性）というものは、肉体にあるのと同時に、体質にもあります。さらには、心の考え方にもある。

だから、ネガティブに考えが進んでいきやすいサガであれば、その線路のポイントを切り替えなきゃいけない。これは、ちょっと大変な取っ組み合いなんです。

この禊ぎは自分との戦争です。

見方によっては、血の池地獄の底を這い回るような、難行苦行に見えるかもしれません。下手すると、いま住んでいる環境が、地獄絵図のような状況に思えてくるかもしれない。

ネガティブなことを感じたり考えたり、人からネガティブな圧をかけられたら、とにかく傷つきます。

そのときに、「傷ついた、傷ついた」という主張を繰り返してしまえば、これは傷ついたという事実を自分に深く刻む催眠にかけることになります。

これをやらずに横に置いておく。そうすれば、先に心だけを前倒しで解放する道がひらけます。何をやるかというと、苦しいものを、少しずつ壊したり溶かしたりしていけばいいわけです。

その救いの突破口になるのは、ポジティブなことを描く。そして行動です。とにかく、**感情の状態をよくする行動を少しずつやる。**

すぐに誰かの所に行って、人を褒める。これだけでも感情の状態はすごくよくなります。

褒めてあげたい人、褒めてあげたいことが、すぐ思いつきますか？

書籍の編集長がいってました。

「その人の、いちばんいいところを探すのが僕の仕事でね」

それができない人は、著者から燃え上がる意欲を引き出せない。最初はたどたどしくとも、人を褒める声は、サガが切り替わろうとする音なのです。

美味しいものをちょっとだけ

イルカは奇跡的な芸をします。空中にジャンプする。水の中で生きている生き物が、空中にジャンプして火の輪をくぐったりする。あらゆる動物に植えつけられているサガを超越した瞬間です。

なぜ、イルカにそれができるかというと、ちょっとずつ餌を与えられるからです。成功したときには、たくさん餌を与えられるからなんです。これは、自分を飼い慣らすためにも非常に重要なことです。

われわれが、ネガティブな感情をたくさん起こすのはどういうときなのか。

ネガティブなことをいっぱい考えてしまうときに、それを後押しするのは、われわれの中に残っている野生性とか獣性なのです。

「けもの性」そのものなんだから、動物をかわいがるように、動物をいい子に育てるように接することが大事なのです。

自分の「けもの性」をあやすために、おいしい物をちょっとだけ食べる。たくさん食べたらお金がかかりますけど、ちょっとだけ食べる。これでも感情はすぐよくなります。

難しいことを考えることはない。ひたすら、「けもの性」を抱えている自分を楽しませることです。楽しめるような絵を見る、写真を見る、映画を見る、動画を見る。

こういったこともちょっと感情をよくします。

とにかく感情をよくするための手段を、横にいっぱい並べておくことです。

心にそういう市場をつくっておくことが大事です。

私のオフィスの内部をお見せしたいくらいです。私のところは、自分を楽しませる心の市場です。感情が高揚するネタの市場です。そういうものが壁から棚から床まで、いつも楽しく賑やかに並べてあるのですから。

その市場の商品を増やすために、たくさん本を読む、図鑑を眺める、写真集を見る、映画を観る。

気がつくといろんな本の知識、いろんな映画の知識、いろんな絵を描く知識、いろんな陶芸の知識が身についているわけです。下手したら編み物を編む知識まで身につくかもしれません。

そして、毎晩イメージするのは、楽しくなることだけ。

最高の目的、最高の未来の住み処とその環境、人間関係のイメージ、それを五感で意識する。

これらのことを、祈るだけでも心地よくなるわけです。こういう、うっとりすることと、ポジティブシンキングを比べてごらんになると、さあ、どう思われるでしょうか。

3　筋金入りのダメ人間の私が、「今のまま」を大きな利益に変えた

サガ（性）の摩擦熱

小さいころから、「何事にもすぐ飽きて続かない人間だ」「ダメ人間だ」と言われ、それがす

ごく自分に染みついていたんです。親からも言われたし、学校の先生にもよく言われた。「あんたはいいものを持っているんだけれど、とにかくサボり癖がある」と。「何やってもすぐ飽きちゃうんでしょ」と。「根気がない、だからダメなんだ」と。

それを繰り返し、繰り返し言われ、怒られた。私の生きてきた時代はそういう時代です。だからこそ、「秋山、うさぎ跳び校庭10周」とか言われたわけです。

しかし、そういうダメダメな部分は筋金入りで、うさぎ跳びをやろうが、怒られようが、まったく変わらない。

結果的に追い詰められて、自分自身と対峙することになった。ぶつかり合ったのです。苦しくないわけがありません。

そういう悪いサガが、摩擦熱を出して、社会で生きる上で非常に苦しい時期もあったんです。へろへろになって苦しさに耐えながら、考えました。

「今の自分のままで、周りからの見方を変えることはできないか」

つまり、今のままで受け入れられるには、自分は何をどうしたらいいのか。それを真剣に考えたのです。

だからこそ、筋金入りだなんていうのですが、

「今の自分のまま、飽きっぽいことを利益に変えることができないか」

「すぐ、いろんなものを批判的に斜めに見てしまう、今の自分のまま、それを利益に変えることはできないか」

まず、この2つに挑戦したのです。

飽きっぽくなければできない読書

物事を批判的に見る癖は、学問に応用できたのです。学問というのは、常に問題提起をします。それまでの問題の形をどう変えたらいいか、という批判的視点が論文の考え方につながっていくわけです。

自分の批判的な目線を、ものを学ぶことに生かしたのです。「何が本当か」という探究に生かした。これは大変役に立ちました。

もう1つの飽きっぽい自分に関しては、何が可能だったか。

最初に何からやったかというと乱読です。乱読というより変則読み。なにしろそれまでは、本というものを、1冊も読み通せなかったのです。全然読めなかった。

だから、ふつうの読み方は最初から捨てました。取りあえず「まえがき」と「あとがき」を読んで、項目だけ読んで、あとは適当に広げたページから読む。ひどい読み方なんだけれど、それを始めたのです。

かつ、それでも飽きるので、古本屋の100円ワゴンセールで、とにかく興味のあるなし関係なしに、10冊ずつ1000円分の本を買ってくる。それを毎週繰り返したのです。どうしても読めない本はすぐ売ってしまって、また買ってきた本をぐるぐる回しながら、週に10冊ぐらいずつ本に親しみました。

そうすると意外と続いたのです。**続くというのは朗報です**。

何がよかったのか。こっちの本に飽きたらあっちの本、あっちの本に飽きたらそっちの本、この項目、このページ、バラバラに読む。起承転結なんかで読まないようにした。

そうしたら、わかったのです。自分のサガというのは、起承転結を通算で読むのに向いていない。自分の脳は、脈絡なくバラバラに読むと面白くなってくる。

なんと、1週間で10冊の本の内容が全部頭に入るようになったのです。そこからそれを15冊に増やして、今は大体、毎週20冊ぐらいに「親しん」でいます。「読んでいる」とはいえないので。

たくさん買って親しんだあと、いい本だけは手元に残しておく。余ったやつは売っちゃって、また買う。このやり方をつづけています。

そんなことをやっていたら、だんだん読む分野が広がって、ほとんどのことは簡単な評論だったらできるようになったのです。それを、いろんな分野の専門家と仲よくなる手段にして、さらに知識を広げていくことができます。
そうしたら、どうでしょう。今、仕事として映画評論もやりますし、絵も描きますし、当然本も書くし、あとは出版のアドバイザーをやったり、経理のアドバイザーをやったり、もうあらゆることにつながるようになったわけです。

みんな何かのエキスパート

人間には、自分の中を見たときに「嫌だ」と思っているものが、必ずあります。それを何とか楽しむ方法はないか。この模索をするのです。

考えたことがありますか？　それは一番つらいと思う瞬間かもしれませんが、これを早めにやり尽くすことです。

大体が、方法論を変えればうまくいきます。なかでも、自分の頭の癖は取りにくいものです。それぞれの脳みそには、やっぱり癖がある。昔の大脳生理学の言い方ですけれど、私の場合は右脳型といわれるタイプだったのです。

左脳型の人は、どのように本を読んでいるのか。当然、数値化し計画的に読んでいきます。文章構造を、起承転結でカッチリとつかんで、その意味はどうなっているのかを考えながら読む。そのように読んだほうが、うまく読めるはずです。

左脳型の人たちは、大体、真っ当に本を読んで、東大へ行くわけです。その人たちは、既成教育の中では必ず成功します。

しかし、既成教育の中では難しい人たちがいます。

最近よくいわれるようになった、アスペルガー的傾向がある人だとか、私みたいにちょっと右脳的な傾向が強い人だとかは、なかなかすらっと伸びていって、評価されることが難しいでしょう。

だけど、こういう人たちは、ある分野のエキスパートだと見ることができるのです。

たとえば躁うつだったらどうか。

躁うつの人は、逆説的にいえば、感情のエキスパートです。

どれだけ感情が落ちたときに苦しくて、感情が高揚したときにどれだけ楽しいか、それを誰よりも知っている人たちなのです。

アスペルガー的な傾向のある人は、ものの好き嫌いのエキスパートです。

自分に集中するエキスパートだったりもするでしょう。

私みたいな極端な右脳型の人は、どこかに突出した超能力的な才能を持っているのです。だから、違う感覚で生きています。超空間的・超時間的な感覚でものを見るという、とても希有《けう》な感覚を生まれつき持っているのです。

私がいった方法論というのは、こういう視点のことです。

だから、視点を変えて、自分のサガ（性）と対峙する、最終的には自分の脳のサガと対峙することによって、最初の禊ぎが始まるのです。何をやめるべきか、何を得るべきかが、そこではっきりする。

新たな競争体系を活用する

人を一律に見るのではなくて、もっと、いろんな見方があっていいいんじゃないのか。そういう考え方が生まれてきています。つまり、今の私たちは、曲がり角に立っているのです。

この曲がり角にそびえているのが、インターネットです。インターネットが、いろんな意味で資本主義的な競争体系を変えつつあります。

個々の人たちが、せっかくインターネットという便利な道具を身につけたのですから、やっぱり活用の仕方を考えないともったいない。そこで、人と競い合わない、マイナスと捉えられていたものを含めて、個性的なものを発信する。

個性的な彫刻、個性的な粘土細工、個性的なお花の活け方、個性的な勉強の仕方。一人ひとりが発見した、人と違う部分に自分で照明を当てるのです。それが新しい時代の商材にならないかなと思うのです。

つまり、みんなが発信者になって、クリエーター、創造者になって、そして、みんながある意味でいろんな分野の教祖になって、そこから発信する。その発信したものが、経済を動かすというようなことになったら面白いんじゃないかな。そんなふうに思うのです。

最近、そういう考え方で、多くの人たちに、「300人顧客主義」というものをお勧めして歩いています。

3種類のものを使って、3年間頑張って、300人の顧客をつかむ。何かというと、インターネットの中で、ブログやらフェイスブックやらユーチューブやら、そういったものの中から3種類のSNSを使って発信する。

好きな3種類を選んで、立体的に、自分が今やっていることで商材になりそうなものを発信する。3年ぐらい頑張ってマメに発信すると、あなたが発信している商品を「いつも買いたいよ」という人が、大体平均300人ぐらい集まるのです。

これは、3年ぐらいきっちりやらないとダメなんです。3年間は、毎日修行のように発信する。クリエーティブなものを発信して、人生を変えようとする。その具体的な行動を起こし始める提案です。

一個人が、そうするための一つの提案なのです。仕事をしながらでも、横でそういうアルバイトのための下地をつくっていく。

今は匿名でも活躍できるわけです。インターネットの中で、そういうものを育てていきながら、自分のサガ（性）について観察し、よく考えてみる。自分の人生を変えようとするプロセスです。

このプロセスは、高尚に思い描いたイメージと現実とのすり合わせですから、そこにはものすごく負荷がかかってきます。だから修行なのです。

イレギュラーな道を選ぶ

チャンスをつかみとる達人は、就職でも何にしても、自分の中で考えうる一番ハードな道に踏み込んでいきます。

最初にそこに行く。困難さが当然あります。そこを好奇心で補うんです。

うちの祖父は、漢方薬店をやっていたんですが、ふつうの人があんまり扱わない素材を扱っていました。当然、仕入れは高いし、なかなか見つからないし、日々がハードです。

結果どうなったかというと、結構成功して、一時期は静岡の清水銀座に庵を構えるまでになったんです。ただ残念なことに、空襲で焼けてしまった。

やっぱりイレギュラーな道を選ぶと、いろんな意味でビジネスチャンスがある。誰もがやっているものに参加したら、資本主義がやっている通常の競争と同じです。

同じ商品をみんなで競い合うわけだから、これはもう大きな組織にはかなわない。勝つには組織化を図るしかないという発想が、今までの会社組織の窮屈さを生んできたのです。しかし、窮屈であっても組織に守ってもらえる。

つまり、みんなで競争したときの保険として組織が生きてきただけのことです。個人でいろんなビジネスが発信できる時代になった今こそ、イレギュラーなものを選ばなきゃいけないでしょう。

イタリアは、戦争で失敗をしました。失敗するというのは負けるということです。ああいう全体主義制が敗北を呼んだのだ。そのことを猛反省して、イタリアの戦後の小学校教育では、みんなと同じだと怒られた。先生は「他人と違うことがなんでできないんだ」といって怒りました。

日本では、「みんなと同じことをやれ」といわれます。体育でも何でも、みんなが同じことをそろってやらされました。

イタリアでは真逆です。「周りと違うことをしなさい」と、子どもの時代からそれを徹底的に考えさせられる。

だから、たくさんのファッションブランドが生まれたんです。たくさんの芸術が生まれたんです。そういうイタリア的な生き方から学ぶことは、いま、とても大事なことだと思います。

クジラを一人で食べきるように莫大な時間と空間を食べつくす

1　ビジネスの約束とは、人を喜ばせる約束のことだと感じているか

時間・空間はのこぎり・カンナ

仕事の現場での日常語として、「時間に追われる」とか「お金が足りない」という常套句があります。やや表情を曇らせながら、お昼の食事の席で、そんなことを語り合うビジネスマンはいまだに多いと思います。

時間・空間そのものを、苦悩のタネだと感じていらっしゃるのです。

タイムマネジメントとパラダイムマネジメント。言い換えれば「時間のマネジメント」と「枠組みとか空間のマネジメント」ですが、これは非常に重要です。

ここを禊ぎをしていく。時間に込められた自分のイメージ、空間に込められた自分のイメージの、余分な部分を削るのです。そこをしっかりやる。単純化してみると、苦悩の実像が見え

てくるでしょう。

この時間と空間を、自分の最大の味方にしなければならないのに、ほとんどの人たちは、最大の敵だと思ってイメージしています。そんな面が強いように思います。

まず、ここをどれだけ単純化してみるか。時間、空間なんていうから、難解な哲学じみて見えてくるのです。

こう見たらどうでしょうか。単なる道具。自分というい家を建てる、のこぎりやカンナのように見る。のこぎりやカンナは敵じゃありません。便利な道具のはずです。

だけど、今までそれで指を切ったり、けがをしたり、うまくいかなかったりすることがあまりにも多かった。そのために、ネガティブマネジメントとして自己像、自分の命にひも付けされ、運命を狂わせる素材になってしまった。これが真相なのです。

そうであるならば、これから捉え直していけばいい。

喜ばせて燃える瞬間

時間というのは、社会との約束です。

多くの成功した経営者や人生の成功者が、大人になる過程で最も厳しく見つめたのは時間管理でした。

時間管理という硬い言葉を使うと、また誤解する人が出てくるかもしれない。時間は、誰かに管理されるものだという考え方をする人がいます。そうではない。時間というのは、自分で積極的に約束をし、積極的に押し広げるものです。

心というものは、5分の過ごし方を拡大することも、縮めてしまうこともできるわけです。心は、5分という時間を苦しみに変えることも、喜びに変えることもできるのです。

成功者は、それを喜びの方向に変えていくのが非常にうまい。仕事で約束した時間は、まず人との約束であり、それも人を喜ばせる約束だということをきちんと認知しています。

デートや、大きな仕事のビジネスセッションの席は、ただでさえ誰もがワクワクするものです。今からすごく大きな契約が決まるかも。すごく大きな愛情が得られるかも。これはたぶん人間が一番燃える瞬間でしょう。

別の言い方をすれば、「時間があってよかった」と思う一番の瞬間です。

誰もがこういう経験をしているんだけれど、仕事の日常の中では思い出さないのです。素晴らしさは、一瞬のなかにあります。

ウォッチングという宝物

約束した時間が重要なのは、時間というものが、もともと悦びを孕んだものだからです。

だから、私は、約束の時間ちょっきりに行こうとは思いません。待ち合わせの時間の一瞬をいいものにすべく、できれば20分前行動ぐらいでその場所に行っておく。

待ち合わせの際の5分前行動とか15分前行動というのはよくいわれますが、私は、せめて20分前じゃないと落ち着かないのです。

ハプニングが起きて、タクシーが拾えないとか、電車が止まっていたとか、行ったら相手が場所を間違えていたとか、自分が場所を間違えていたとか、いろんな事が起こりうる。だから、やっぱりこの20分というのは自分を救う保険としての20分なんです。当然、保険をかけておけば安心するわけです。

この20分は、待つ20分です。待つ20分は苦痛だ、という人もいるでしょう。イライラしながら足を踏み鳴らして待つ。そうではなく、自分を楽しませながら待つのです。

それが私のスタイルです。待ち合わせ場所の近所にいながら、面白い店をウォッチングする。空の雲の動きをじっと止まって眺めてみる。

ヒューマンウォッチングもいいです。どんな面白い人たちが、今日は街を歩いているんだろうと、それを眺めたりする。

ふだん見ていなかった各町ごとに、マンホールの模様が違うとか、そういったものをウォッチングしたりする。街の待ち合わせ場所の空間というのは、本当に宝庫です。自分を楽しませる素材の宝庫なのです。

長い時間を細かく刻む

時間のマネジメントは、そういう短い単位の時間から始まって、さらに大きな目的に到達するまでの時間設定をする、長期のマネジメントに入ります。これはとても重要です。

家を建てようと思ったら、10年先ぐらいの時間設定でもいいだろうと思います。10年後に自分が望む家を建てようと決めたら、そこから、1年後に何をしなきゃいけないか、1カ月後に何をしなきゃいけないかが明確になり、今日何をしなきゃいけないか、という行動スケジュールが明らかになります。

行動を時間に振り分けていくわけです。

ある仕事の課題を実現させるためには、まず目的をはっきりさせます。そのための能力が現在の自分にあるのかどうか、それもはっきりさせる。

そしてスケジュールの中で能力を磨きつつ、自分には「その能力があるぞ」とある程度認められたところで、目的と自分を重ね合わせる。

そうすると、自分がより有能になって目的に近づいていくという、時系列的に実感のある目標設定ができるのです。それを当初の段階で決めてしまう。

有名なクジラ理論というものがあります。

あの巨大なクジラを一人で食べようとしたら、じつは食べられるわけです。ちっとも無理じゃない。

冷凍保存して、細切れに切って、少しずつ計画的に食べれば、たったの数カ月で巨大なクジラを食べ尽くすことができるのです。思い起こせば、あっという間かもしれません。

時間はクジラではありませんが、非常に大きな存在です。だからこそ細かく設定する。そして、ちょっとずつの時間をちょっとずつの簡単な予定で埋めていく。これは、やってみるととても楽しいことなんです。

無理のない計画をしっかり立てて、巨大な時間という流れを身近なものに感じてイメージできるようにする。そうして時間への考え方を変えていけば、無理だという先入観は消えていきます。

2　休憩の5分は空間のイメージを美味しく味わうと長い時間になる

見立ての美学

世界的なビジネス競争のさまざまな分野で、今の日本は、だんだん伸びが悪くなってきています。ランキング番組で、多くの分野で順位が落ちている、といわれています。そうなった最大の理由は、私は、休憩の使い方だと思っています。

休憩時間を、上司へのくだらない提言やら、雄叫びやらで費消するのは愚劣です。逆に仕事熱心すぎる人は、休憩中でも仕事のことを考えてしまう。

休憩というのは、本来、心を休めなきゃいけない時間です。その数分間、数十分間を、空間のイメージを豊かに滋味深く味わうようにすると、新たなパワーが蓄積されます。

空間は、いくらでもイメージの先取りができます。休憩時間には、楽しい夢のイメージを広げたらどうでしょう。

自分がどのような家を建てるかから始まって、どんな車に乗るのか、どんな場所に旅行に行くのか、どんな人と共に過ごすのか、どんなお祭りに出掛けていくのか、どんな宿屋に楽しく泊まるのか。

今は、いくらでもインターネットに映像の素材があって、世界旅行でさえ簡単にできます。また詳細に調べることによって、イメージ力を高揚させることができる。

空間のマネジメントは、仕事の合間５分でできる。休憩時間を充実させるということは、そういうことです。

リアルな空間を味わうこともいいでしょう。カフェで空を見ながら、街を見ながらもいい。

これにもちょっとしたコツがあります。日本人は、茶室というものを壮大な野山に見立てて楽しんできました。見立てるのが得意なのです。

平面的な掛け軸を、奥行きのある自然空間に見立てる。茶碗を、風光明媚なパワースポットの土に触れることに見立てる。お茶の味わいを、とても素敵な所の湧き水に見立てます。香りを、霧のかかるすてきな場所の葉っぱに見立て、一輪挿しの花を花園に見立て、そして味わうわけです。

さらにちょっとした茶菓子でもって、口の中に広がる味を空間に見立てている。こういうことによって自分の持つ時間像・空間像が変わっていく。そのことが、日本人にとっては重要なんです。これは一瞬でできます。

5分あれば長いくらい。目を閉じて、頭の中に何かを思い浮かべて、実際に5分過ごしてみたら、どれだけ長いかがわかります。

この一瞬で、というのが、日本人の得意な開運法です。

愛読者カード

ご購読ありがとうございました。今後の参考とさせていただきますので、ご協力をお願いいたします。また、新刊案内等をお送りさせていただくことがあります。

【1】本のタイトルをお書きください。

【2】この本を何でお知りになりましたか。

1.書店で実物を見て　2.新聞広告（　　　　新聞）
3.書評で（　　　）　4.図書館・図書室で　5.人にすすめられて
6.インターネット　7.その他（　　　　）

【3】お買い求めになった理由をお聞かせください。

1.タイトルにひかれて　2.テーマやジャンルに興味があるので
3.著者が好きだから　4.カバーデザインがよかったから
5.その他（　　　　）

【4】お買い求めの店名を教えてください。

【5】本書についてのご意見、ご感想をお聞かせください。

●ご記入のご感想を、広告等、本のPRに使わせていただいてもよろしいですか。
□に✓をご記入ください。　□ 実名で可　□ 匿名で可　□ 不可

郵便はがき

切手をお貼りください。

102-0071

東京都千代田区富士見一―二―十一
KAWADAフラッツ一階

さくら舎 行

住所	〒 都道府県			
フリガナ			年齢	歳
氏名				
			性別	男　女
TEL	(　　　)			
E-Mail				

さくら舎ウェブサイト　www.sakurasha.com

心地よいことをたくさん味わい広げていくと自然に開運する

１　楽しんでやっている大泥棒は捕まらない

感情は善悪を超える

開運には、私たちの心の持っている素材が大事になってきます。心の素材とは何かというと、美しいもの、楽しいものなどです。何が美しいかということを知り、それらをたくさん集めること。つまり感覚の積極的拡大です。

一にも二にも、感覚の心地よさを広げることなんです。

美しいものや、優しいものや楽しいものを、いっぱい感じてみることなんです。

私は、人間の心には４つの方向性があって、これがうまく進展すると、人間は非常に大きく変わるというふうに考えています。１つは直感力です。もう１つは考えること、思考力。もう１つは感情なんです。

感情を上げれば、いろんなことが成功する。大泥棒のルパン三世でも、楽しんでやっているから捕まらないという面がある。**感情は善悪を超えてしまうのです。感情は、すごい力です。**

そして、最後が感覚力。

じつは現代人の弱っているのはこの感覚力で、お金を楽しく美しく見ることができにくくなっています。お札というお金の素材は、ミツマタとかコウゾといった、水がきれいな風光明媚な山際で育つ植物でつくられています。

コインになる鉱物たちは、ものすごく奥深い山の中の鉱脈にでき上がった金属の抽出によってつくられる。お金というものは、半自然のものでも、悪魔の持ち物でもない。われわれを堕落させるものでもありません。

1000円札が2枚あって楽しいなとか、小銭がいっぱいあって楽しいなと、どうして思えないのでしょう。お金が、美しい自然とひも付けされれば、それに触れるだけで楽しくなるはずなのに。

味の奥行き

美しさと美味しさは似ています。楽しくなってくる。その結果が開運につながる。食べ物は、人生にとって重要です。

もともとの素材の持っている、微妙な美味しさが消し去られた食品が増えてくると、理論に頼ることになります。ところが、お医者さんがいう健康食も、提唱するお医者さんによって言っていることが違います。

肉を食べるべきだ、いや肉なんか体に悪いんだ。玄米を食べるべきだ、いや玄米こそ毒だ。野菜を食べるべきだ、いや野菜は体を冷やすからダメだ。もう何を摂っていいのか、大混乱状態です。

いろいろと健康によいといわれる食材を求めたけど、またカップヌードルに戻っちゃった、みたいな話もいっぱいある。

昔は、旬という言い方をしましたけれど、その季節にしかとれない食材は、深く自然そのものに根づいています。

こういった旬の物を、常に少しずつ食べる。食べながら、それが育ち、とれた場所のことを思う。自然のなかに、それが生えていたときの香りを思う。その周りの風景を思う。そういうことを感じながら食べると、その素材を美しくすることにつながります。

日本人は、食一つにしても、そこに付随する情報のすべてを美意識に変えることができるのです。

素材の美しさを感じながら食べる自分、その自分が生きている季節季節の自然の美。あらゆる美を感じながら、美味しい素材をいただく。これが、今いうヒーリングの本当の意味です。特に、自分で自分を癒やすセルフヒーリングは、素材のイメージを楽しむということに尽きます。本来は、おいしいお料理というのは、みんなそういうものだったはずです。しかし、値段だけで料理を見るとか、舌ベロにのっけた単純な味だけで見るようになってしまった。

味の奥行きは、空間論です。

一瞬辛いワサビだって、それが採れた産地によってみんな味が違います。それを味わうのには、想像力が必要なのです。

2 いっぱい恋愛していれば仕事の運は開いていく

恋愛に失敗はない

私は「いっぱい恋愛をしましょう」とよくいいます。この恋愛というのは、異性愛もそうなんですが、広い意味で捉えている恋愛です。

「誰か」を、あるいは「何か」を好きだと思って眺めている時間を増やす。いっぱいふやす。そういう意味です。

対象から見れば、愛には友愛も異性愛もある。またベクトルから見れば、愛には相思相愛の形と片思いがあるわけです。これを総合的に楽しむ。

一度、恋愛で失敗したからといって、二度と恋愛はしたくないという発想があります。けれども、**相手が死んで、いなくならない限り、恋愛に失敗はありません**。私はそう思います。ずっと無償で、楽しく思っていてあげるということが、恋愛なんです。

その恋愛の表現もいろいろです。相手に受け入れられて発展し、それが夫婦生活につながったり、また行き違いがあって少し離れていた人が、再会することにつながったりするわけです。

これはみんな、「好きだという感情」がもたらす好ましいドラマです。

男女のノロケ話であっても、「おやおや、ノロケているね」と思いながらも、嫌な気持ちがしないものです。

恋愛というものを、もっと広く捉えて、「情報や物に惚れる」ということでもいい。それがいい人生や成功につながっていく。私は、そう思います。お酒に惚れるとかもいい。

「自分は、この酒が好きなんだ」という人のうっとりした説明を聞くのは楽しいものです。

「こういう趣味を愛しているんです」という人の溌剌とした話も楽しい。

人は、好きになっているものは、必ず褒め讃えます。これも楽しい。

褒めるということは楽しいことなのです。

それではと、自分の好きなものを褒めてみる。**褒め讃えるのは、気持ちのいい感情だとわか**

ります。この感情が「ものに対する恋愛」だと私は思います。

史上最も美しい建築物は何か。インドの歴史譚では、タージ・マハルです。

この大きな美しい建物は、恋愛で建築されたのです。お妃さんにベタ惚れした王様が、お妃さんが亡くなったときの悲しみで建てたものです。

「誰よりも大きな物を建ててやる」「誰よりも美しい物を建ててやる」といって建てたのが、タージ・マハル。亡き妻に捧げる愛情が建てたものだったのです。

世界のいろいろな宗教も、中核にあるのは愛情です。いろんな人から圧力をかけられて、十字架にかけられたキリスト。

そのキリストへの愛情でもってキリスト教は生き延びてきたともいえるし、釈迦への愛情で、仏教は生きてきたともいえる。私たちは、なんやかんや言いながら、いつも何かに大恋愛をしているわけです。

仕事で伸びる人は、みんなある特徴を持っている。たくさんの成功者を見てきて、私はそう実感しています。**たくさんの愛する物を持っている人が、やっぱり非常に伸びるのです**。

うまくても評価されない作家

私は半分、骨董屋さんもやっています。好きなものを集めて、ほしい方にお分けする。当然、それらの好きになった美しいものをつくった技芸を愛しています。蒐集したものを眺めているのは楽しい。感覚、感情、美意識を研ぎ澄ました人が、大変うまい作品を残すのだなと思いながら、いつも見ています。

日本は、書とか歌に関連した紙物の骨董品が非常に多いのです。ほんとうに素晴らしいものがある。ところが、不思議なことに、その市場価格は別なのです。不思議だなと思っていましたが、あるとき謎がとけました。

これは美しい、これは素晴らしい絵画だ、これはすごい書物だ、こんなに美しい字は見たことがないというようなものでも、それを書いた作家さんが弟子をたくさん育てていないと、結局は残した作品が評価されない。ものすごく安くなるのです。だから、うまくても安い人がいるのです。

逆に、これは素人だよなという人でも、値段の高い人がいます。それは後世の人たちにものすごく影響を与えた人たちです。

自分の弟子や育てた生徒は、自分の過去の功績ですが、同時に自分にとっての未来なのです。育っていく人たちをしっかり愛した人は、残した作品のみならず、愛玩した遺物でさえ長く生きていきます。それも発展的に生きていくのです。

弟子を育て愛することは、美の世界を伝え広げていきますが、**愛する対象のもっとも基本に**

あるのは、自分の才能を愛することです。その才能が生み出した美を信じ、それを愛することです。すべては、そこから始まります。

楽しい恋愛主義者たち

大家といわれる人も、最初から認められるわけではありません。むしろ、その才能が巨大であるほど、拒絶されます。

展覧会に出品したら、「こんなもの持ち帰れ」と怒鳴られた棟方志功《むなかたしこう》。大きな戸板サイズの木に彫刻して刷った作品です。あまりにもオリジナル。彼は、成功してからはそれを版画とはいわず、板画とよんでいました。

しかし、最初は、とんでもなかった。罵倒されて「持って帰れ！」と放り出されるわけです。彼は、うわーっと泣きながら家に帰ると、家中の壁という壁に、湧き上がるイメージを次から次と描きつづけます。悔しさを抱えた棟方志功が描きなぐった作品が、いま出てくれば、どれくらいでしょう。10号ぐらいの版画作品でも、出れば数百万、下手したら数千万です。

東山魁夷《ひがしやまかいい》さんは、撥ねつけられて、卒業制作の作品が搬入できなかった人です。美大で初めて、卒業制作を搬入できなかった。「こんなにぼんやりした朦朧体の絵なんか芸術じゃない」といわれて、当時の先生に追い立てを食らった。

彼も、泣きながら故郷へ帰って、自分の出身学校にその絵を頼み込んで飾ってもらうわけです。今現在、たぶんその絵は数億円です。

だから、私は思います。何にも増して自分の技に惚れ込むことの素晴らしさ。自分自身に惚れ込むということの大事さ。自分に惚れるといっても、適当な惚れ方では単なる妄想に終わります。

私はすごいんだよ、必ずいつか大物になる。若い芸術家なら、皆さんそう思うでしょう。でも、なれる人となれない人がいる。この違いを知らなければならない。

「それはいつなの？」ということを設定しないと、大物にはなれない。大物とは何かということがわかっていなかったら、大物になれません。

必ず美術家になって世の中を見返してやると見栄を切っても、「目指している美とは何か」と、「大衆はどういう美を求めるか」がわからなかったら、そこのすり合わせもできないわけです。このプロセスが、愛を深めるプロセスになります。

美に対する愛、自分の才能に対する愛を含めていうのですが、恋愛は深めていくことが大事なんだなと思います。

どなたでも思うはずです。なんで自分があの女性に愛されたのだろう。あるいは、愛されなかったんだろう。女性の立場なら、あの男性にどうして愛されたんだろう。あるいは、愛されなかったんだろうと。

これが思いを深めることですが、そう簡単ではありません。すぐにはわかりません。しかし、後々年月がたって、ハッと我に返って振り返ってみると、その理由がクリアに見えてくる。そういう経験は、どなたにもあるでしょう。

「あのときの自分が、いかに人を楽しませることに幼稚だったか」「あのときの愛は、いかに単なるナルシシズムで妄想的だったか」と。

長いプロセスで深めていくと、わかってくることが、いっぱいあります。でも、傷ついたからといって、恋愛を放棄することはない。放棄して、恋愛の学習が済むのかというと、そんなことは全然ありません。

楽しい恋愛主義者でありつづけることが、素晴らしいことなのです。**健全な恋愛主義者であるということは、とてもいいことです。**

オフを楽しみ盛り上げる人は仕事で成功する

1　プライベートの感情がパワーにスイッチを入れる

味方を増やすプライベート

仕事とプライベートを分ける。これは成功者の条件です。分けるだけではなく、オフを盛り上げられる人になる。

どうしてそれが、運を強くする人の条件なのか。プライベートで徹底的に遊べる、徹底的に楽しめる。だからこそ仕事も楽しめる。これは車の両輪だからです。両方並行して進化するものなんです。

プライベートを犠牲にする人は、結果的には仕事も犠牲にせざるを得ない。プライベートの時間は、味方を育てる時間なんです。

仕事はハードなことが多いものです。だから、楽しい事をやっているな、自由を謳歌しているなと、周りの人の心がくつろぎ、広がるような時間をすごしたいのです。それが味方を増やし、運を強くするのです。

プライベートを楽しむといっても、それに慣れていない人には、仕事を離れたフリーな時間は、かえって辛さをもたらすものです。プライベートの感情をどう育てるか、そこが問題になります。

イメージが重要だということを、これまで繰り返しいってきました。イメージを彫刻するための道具は何か。それは考えることなんです。思考力です。

どういったイメージが、一番自分を励ませるのか、能力を引き出せるのかということを考える。それをいちばん真剣にやっているのがスポーツ選手でしょう。

かんながらたまちはえませ

野球選手やらサッカーの選手は、数字にこだわったりします。ジンクスといいますが、あれは重要なんです。好きな数字を身につける。それだけで、自分でコントロールできるわけです。そういうもので、自分の内側にある強い潜在意識のパワーにスイッチが入る。

「ゾーンをつくる」とか、「ゾーンに入った」という言い方がありますが、最近では、科学的にも裏打ちされています。

ある相撲取りは、制限時間いっぱいになると、ほっぺたをパシパシとたたきながら仕切りにはいります。そうすることで、強い力を発揮する。

あるラグビーの選手は、両の手を組み合わせて、グッと一瞬瞑想したような形を取ることによって、強い闘争力を引き出していました。

多くの有名選手は、必ずゾーンをつくるために、スイッチが入ると信じ込む数字、惚れ込む数字、惚れ込む色、体のポーズ、決め台詞といったものを持っているのです。

昔、つり輪で具志堅幸司という選手がいました。彼は自分の信仰する教えの、簡単な唱え言葉を唱えてからつり輪につかまっていました。その様子がオリンピックでも放映されました。「あれ、なんて言っているの」とみんな興味を持ったようですが、「かんながらたまちはえませ」という言葉でした。

これはある有名な教祖が説いた言葉です。

人は神とともにあって、というのが「かみながら」です。誰もが、神が傍らにいて、神とともにある。「たま」というのは「霊」という字を書くのですが、これは心と言い換えてもいいのかもしれません。

心はそこにあるがままでも光り輝くというのが、「たまちはえませ」です。「かんながらたまちはえませ」は、自己像の完全肯定の唱え言葉なのです。

オフを盛り上げる方法論としての色・形・数字・言葉がありますが、昔の人はどうしていたのか。それを調べてみると、自分を育てることの最重要項目に、音楽と旅を置いています。

プラトンもヒトラーも音楽

音楽は、古代ギリシャのプラトンの時代においては「ムーシュケ」といわれました。「プシュケー」は心そのもの、魂そのもののことを表しますが、じつはムーシュケはミュージックの語源になった言葉です。

プラトンは、ムーシュケというものを哲学の数本の柱の1つとして挙げています。このことは、意外と哲学の専門家でも知らなかったりします。

私は、物をがんがん売りまくる、エネルギッシュなトップセールスマンと行動を共にした時期がありました。

この人は、当時発売して間もないウォークマンを移動中にずっと聴いているのです。興味が湧いて、「何を聴いていらっしゃるんですか」といったら、映画007のテーマソングでした。

その曲をずっと聴いていると、007という何でも体を張って可能にしてしまうスーパースパイと、自分のイメージが一致するというわけです。単純なことだけれど、トップセールスマンらしい自己イメージのつくり方です。

音楽にはもうひとつ大事な特徴があります。音楽は、忘れにくいのです。誰でも、青春時代に聴いた音楽はよく覚えています。繰り返し歌った歌はものすごく強く覚えています。

そして、歌うとすぐにそのときの情景、そのときの青春が蘇る。だから、いまだに懐かしの青春ソング、パッケージで72曲入りみたいなものがよく売れているのです。

成功したときとか、心地よい経験をしたときに並行して聴いた音や音楽は、忘れることがなく、いつまでも愛着を感じるものです。

また、苦しい思いから解放されたときに聞いた自然音にも感じます。鳥のさえずり、波の音、こういったものは、沈んでいたその人の心を上げる力があります。

若いときに、能力開発を専門に研究する会社にいたことがあり、いろんな能力開発の素材を検証しました。

１０００人以上の人から統計を取ったのですが、日本人の場合、若返りを進めさせ、能力を上げ、リラックスさせるのに一番いい音楽は、わらべうたや童謡・民謡でした。いい国やいい歴史を想起させる、流行り廃りのない音楽は、心の深いところに訴えるのでしょうか。

キリスト信仰者に珍重されるのは、キリストの奇跡を歌ったバッハの曲です。ヒトラーはワーグナーを聴いて自分を高揚させたといわれています。

音楽は、今すぐに自己像を変えたいとか、今すぐ自己像をもっと引き上げたいというとき、とても有効です。限定されたプライベートの時間をどう充実させようかというときには、やはり音楽です。そのための選曲をいつもやっておくといいかもしれません。

私自身は、あまり音楽を聴かないほうなんですが、逆によく歌います。カラオケなどに行って、よく歌っています。音に親しむ時間は、自分をリラックスさせます。440ヘルツの音は、音楽の最初の国際基準音ですが、特に、われわれの心の能力の扉を開くといわれています。

プライベートのなかに、音楽をいれる。そのときに、自分の好きな音楽は何かなと、少し考える。そこから生活が一変するでしょう。

他のものを、何をやってもダメだった場合、「最後の砦は音楽だ」と思っていただければいいと思います。

2　好きな数、好きな色を楽しむ豊かな快楽

マフィアの赤いバラ

赤い色は人に好印象を持たれやすい、赤色はモテるという説があります。色というものは、心にものすごく影響を与えます。最近では色彩心理学も進んで、この赤の神話は、実際に心理

学的に裏付けられました。

心理学の実験には内部矛盾があって、そういうデータが発表された前と後では、結論は微妙になります。データ発表後でも、ほんとにモテるのか？　赤い物をつけていると、「こいつはモテたくてやっているんだ」と思われるかもしれない。その先入観があるとないとでは、印象は異なるはずです。

モテる・モテないという問題が出てくるのは、そのもとに、赤という色には人の暴走する感情を穏やかにするという働きがあるからです。昔から、赤は、悪感情からくる悪念を燃やすといわれています。

マフィアが勢力を誇っていたころに、集会に来るマフィアはみんな襟にバラを挿して行ったものです。これは明らかに、お互いの悪想念を消し合うという、ある種のおまじないです。

マフィアの人たちは、とかくすぐカッとなってお互いを攻撃する傾向があるのでしょう。赤は、人を呪ったり恨んだりする心を、お互いに燃やし合う色ですから、平和の色なのです。

赤を身につけるのは、ある意味でディフェンスです。ディフェンスであると同時に、内側にあるものは高まります。それも正しく高まる。これが赤という色です。多くの革命の旗に赤が使われるのには、やっぱり意味があるのかなと思います。

私が個人的に好ましい色としてあげたいのは、やっぱり緑色です。緑というのは、昔からヒーリングカラーといわれています。癒やされる色です。森の緑を見ると癒やされます。そういう単純な意味もあると思いますが、緑色のオーラをしている人には、人をヒーリングする不思議な力があります。そばにいるだけで、人が癒やされたりする。

緑は癒やしの色で、その効果も非常にはっきりしているようです。緑色の淡い国産の糸魚川ヒスイとか、エメラルドは、長い歴史の中で珍重されてきた癒やしの石です。

クレオパトラはヒスイを粉にして飲んだともいわれています。権力者が非常に難しい時代を生き抜くのに、ヒスイを首から下げたり身に付けたりしました。ヒスイという緑色の石は、独特の穏やかさを与えてくれるように思います。日本の国石にもなった、いい石です。

黒の強い霊力

易では八卦にカラーが相対しています。代表的なカラーは、四神といわれる北を表す黒、東を表す青、南を表す赤、西を表す白です。この4つの色彩は、やっぱり霊的には力が強い。

面白いのは、黒を邪悪な色だとは見てないことです。黒は、霊感を得たり、集中するときの色です。霊的なことに携わる人たちは、大体黒い服を着る傾向があります。

喪に服すときに、みんな黒い服を着ます。

これは死者の霊をよく理解しようとして着るわけで、黒を身につけると、霊的な感覚が強くなる。だから、死者に同情し、死者に巻き込まれることもあります。何かに集中するときにも、黒い服はいいといわれています。受験勉強であるとか、何かに集中するときにも黒は悪くない。

私は「靴は黒がいいですよ。重要なことがあるときには、黒を履いてください」といっています。また、絶対にそらしたくない物に関しては黒で包む。お財布・かばんはなるべく黒にする。私は、黒が一番引き寄せの力が働くというふうに申し上げています。

青や緑は、人間関係を広げるときの色です。また、ストレスを軽減する色として昔から大事にされている色です。青は、学習効果が上がるという話もあります。

一時期話題になりましたが、夜の駅は、少し青を強めに照明をつける。青にはリラックスする効果があるので、飛び込みが少なくなるからです。

白という色は、とにかく新鮮な気持ちになります。こういうふうに見てくると、やっぱり色の効能というものはあるのだとわかります。

私は何が好きなのか。最近はどの色も好きで、好みの色の偏りはなくなってきています。昔は青が好きだった。青と金色の組み合わせが、きれいな色の組み合わせで好きでした。でも、最近は何でも好き。

最強の数字はなにか

数字にも面白い数字があります。

12月12日とか、1月1日とかゾロ目が面白い。16とか、18とか、32とか、33とか、４４４とかは、霊的な力を高める数字です。何か念じているときに、その数字の数だけ机をたたくだけでもいいし、足を踏み鳴らすだけでもいい。

こういう数字には、潜在意識の力を引き出す性質が如実にあるように思います。

33は最強の数字だと思います。

人間の背骨の椎骨の数は33個ありますが、最強の宇宙力を表す数字です。歴史を調べていくとわかりますが、昔から神秘学の世界では33は宇宙数といわれていました。フリーメーソンも33段階、須弥山の霊的な階層も、33階層あるといわれています。

33という数字を、自分のシンボルマークにするとか、自分が身につける物の裏にちょっとだけ書き込んでおくとか、そういうことでかなり明確な力になって表れてくると思います。

しかし、本当に一番強いのは６６６なんです。

だからキリスト教は６６６を怖がったのです。６６６は、本当に最強の数。近代聖書では、獣の数としています。

数の効果の実験をしたことがありました。いろんな数を身近に置いて、どういうふうに運命が変化するかを調べた。３日置きぐらいに、数字を置き換えたりして、実験しました。他の何人もの能力者にも実験してもらいました。

やっぱり最強なのは６６６です。６６６という数字を、どこかに掲げておくとよいと思います。

６６６探しで遊ぶ

この６６６を「６＋６＋６」と見て、足すと18という数がでてきます。「３×６＝18」の18という数も、６６６を意識するという意味では非常に強い数字です。

６６６の意味は、永遠性ということです。時間超越です。キリスト教は、教義的に時間超越が創造主の他にあってはならない。絶対に許容できないのです。

キリスト自身も、すべては「私」から始まり、「終末の日」がやってくる。そのように期限を切って時間を決めたのがキリストです。キリスト教はそこから始まり、終末の日がやってくると同時に、復活の日もやってくるわけです。

キリスト教が、悪魔だとするもの、悪いとするものは、キリスト教が過去に滅ぼしてきた神々や概念です。

ベールゼブブという昆虫の姿をしている悪魔がいます。これは、昆虫の形をした精霊信仰です。だから、最悪の日にはバッタが大量発生するとか、そんなことをいっているわけです。

牛神バアルがいる。これは悪魔の化身とされています。もともと中東のほうに、牛神信仰が広くあって、キリスト教は、そういったものを廃絶してきました。悪は、廃絶してきたものを指しています。

６６６は、古代ユダヤ教の永遠を表す秘数です。キリスト教は、古代ユダヤ教も廃してきたのです。

最近、ちょこちょこ６６６が語られています。陰謀論なんかが６６６をとりあげ、重要なキーワードを神秘的なやり方で探しています。

アルファベットの羅列は、ＡからＺまでで26ある。この数字にＡＢＣを当てはめます。Ａが1で、最後が26だと当てはめて、アルファベットを数字に置き換える。

単語のアルファベットをそれぞれに６をかけて足すと、６６６になるキーワードが結構あるという話です。

その１つはコンピュータです。これも今の計算でいくと６６６です。今回のコロナもそうです。正式には英語ではコビテーション。これも６６６になります。

今、ビル・ゲイツがこっそり中央基地をつくっている軽井沢。軽井沢をアルファベットにして数えると６６６なんです。こういったことは、いろんな文献で昔からいわれていることでし

666は古代ユダヤ教の永遠を表す秘数であり、最強の数！

☆666が込められたキーワード「COMPUTER」

A～Zのアルファベットを数字に置き換える

A	B	C	D	E	F	G	H	I	J	K	L	M
1	2	3	4	5	6	7	8	9	10	11	12	13

N	O	P	Q	R	S	T	U	V	W	X	Y	Z
14	15	16	17	18	19	20	21	22	23	24	25	26

⬇

抜き出すと…

C	O	M	P	U	T	E	R
3	15	13	16	21	20	5	18

⬇

それぞれの数字に6をかける

C	O	M	P	U	T	E	R
18	90	78	96	126	120	30	108

⬇

すべて足すと…

18 + 90 + 78 + 96 + 126 + 120 + 30 + 108 = **666**

た。その「６６６探し」なるものが、いま、大変にユーチューバーの間でも流行っているのです。

私の弟子を名乗っているキックくんが、ユーチューブの陰謀論でその６６６の話をよくするのですが、これは昔からあるアナグラムというか、神秘数秘術といわれるものです。

アルファベットを数字に換算して、それによっていろいろ占うという考え方があって、その中で６６６が一番強い数字とされています。それを旗頭や冠につけると、勝手に世界的に成功してしまうというのですが、コンピュータは確かに最も世界を席巻した商品です。

自分のラッキーナンバー

13日の金曜日は、非キリスト教である日本人も、なにか不吉な日として嫌がります。

その理由として、13はユダの数字だからだ、ともいわれます。だから、その子孫であるユダヤ人が非常に嫌われたという見方ですが、実際には13というのはキリストの数です。

12人の弟子がいて、13番目の男がキリストです。キリストは、生涯13という数字につきまとわれました。

日本でも、昔から13という数字は最も霊的に強い人の数でした。

画数学の世界では、姓か名か、その姓と名をつなぐ接続部の2文字か、どこかに13画があると非常に大成するといわれています。この考えで行けば、子どもに13画を入れて名前をつけたら成功するといえるかもしれません。

能力者も、調べてみると13画が入っている人がかなり多いのです。

あきやままこと（秋山眞人）でいうと、「山」と「眞」の部分がいわゆる姓と名がつながる部分です。「山」が３画で、「眞」が10画で、13画です。

霊能者の名前を調べてみると、この13画が、偶然にしちゃ整いすぎているぞ、というぐらいあるのです。

４の４並び

ただ、６６６でも13でも18でも、強い数なので、そこに見合わない人間が旗頭にすると、逆に気負い過ぎてダメになる。伸るか反るかなんです。

いろんな人生経験を経て、歳をとって円熟してきてから、強い霊的な数字で補うべきなんでしょう。運だけで上がった人は、やがて、ばったり倒される。着実な人に倒されて追い抜かれます。

お年寄りで強くありたいという人は、６６６や18を旗頭にする。スローガンの数字をこの数でそろえる。こういうのも面白いと思います。

私は、意外と4の4並び、4444という数字が好きです。幸せ、4合わせ。語呂合わせなんですけれど、自宅のいろんなものに4444という数字を書き込んであります。

あとは、1が並ぶ11も好きです。事務所の住所は1―1―11。これは偶然なんですが、実家の住所も1並びなんです。

昔から、私自身、1に付きまとわれる。不思議だなと思ったら、ユリ・ゲラーが「自分のラッキーナンバーが11だ」というんです。十一面観音なんていうのがありますけど、11というのは非常に強い数字です。

ビジネストレーニングとは具体的イメージを求める感覚修行のこと

1　感覚先進国アメリカのビジネスマンと対話してわかったこと

詩的表現に到達する

だんだん、おわかりになってきたと思いますけれど、開運とは感覚修行なんです。感覚を押し広げて、より感覚にリアリティーを与えます。その感覚を未来につなげ、時間・空間と感覚をうまく接続する。これが、サガ（性）を変えて運を開くということです。感覚のイメージの広げ方がうまくなれば、成功はほぼ半分達成されたようなものです。

仕事が成功するには、「あなたは、何をやりたいために今ビジネスをしていますか」という質問に、溌剌《はつらつ》と答えられなくてはなりません。感覚先進国であるアメリカでは、日本のビジネスマンに、開口一番それを突きつけてきます。

「あなたは、今何のために仕事しているの？」「何がやりたいの？」「それはどういう具体的なイメージ?」と必ず聞いてきます。でも、日本人は答えられない。言葉が出てこないのです。日本のビジネスパーソンが、一番嫌う問いの一つだからです。問われて気がつくと、リアリティーのあるイメージを描いていない。描いていないからこそ、すぐに答えられないのです。

ソムリエという仕事があります。

お食事のとき、ワインとか、お酒について助言をしてくれるのがソムリエ。この人たちがトップを競い合う、国際的なコンクールもあります。日本人にもそこで優勝した人がいます。

ワインのソムリエは、日本的な利き酒とは、評価基準がだいぶ違っています。

鑑定するワインは、一番おいしいワインだとみんなわかっている。それを利き酒したときに、どれだけ素晴らしく詩的に表現するかが、最後の競い合いになるのです。

イメージを喚起させる詩的な言葉とは、どんな表現なのか。ワインという言葉を使わないで、どれだけワインを短時間で表現できるかなんです。

「この芳醇な天のしずくは」とか、みんなが共通して、そのワインを豊かにイメージできる言葉をいかにして生み出すかです。

コップという言葉を使わずにコップを表現する。Aさんの名前をいわずに、Aさんだとわからせる。これは、いい詩をつくる基本です。ここが面白いところです。

「あなたのやりたい仕事は?」に答えるとき、自分のやりたいことを、その仕事の枠の外にある言葉を、あっちこっちからもってきて表現する。手持ちの言葉を豊富にして、それらをあやつって、自分のやりたい仕事を表現する。

この作業を日々繰り返すことで、自分の仕事のイメージを、言葉によって押し広げることができるのです。

明快なたとえ話で、一発で核心を表現でき、アッという間にイメージを相手に印象づける人がいますが、その人は、そういうトレーニングを必ずやっているはずです。

2　川原の石でする感覚旅行でわかること

目をつぶって触れる

私は、定期的に川原に行って、いろんな石を拾うようにしています。

川原の石は、山から削り出された岩の硬い部分だけが残ったものです。どれも角が取れて丸みを帯びています。目をつぶって触るとよくわかりますが、どれも少しずつ感覚が違う。

パワーストーンは、どういうところに表れてくるのか。素人さんほど、パワーストーンのよさは、見てくれだと思っています。「まあ、きれいなエメラルド」とか、「まあ、きれいなダイアモンド」とか。そういうものをパワーストーンだと思っています。

とんでもない。パワーストーンは、目をつぶって触れる感覚でわかるのです。触ってみて、落ち着くかどうかなんです。

本当のパワーストーンは、川原に落ちている石の中にある、と私はお話ししています。川原に行って、目をつぶったまま、いろんな石を拾います。それを持ち上げて表面に触れてみるのです。2時間ぐらいその作業をつづけると、「これは落ち着くな」という石が見つかる。逆に、「これは一番落ち着かないな」という石もはっきりしてきます。それらに順位を付けて並べるのです。これが非常に面白い。やっぱり明確な体が感じるルールがあるのです。

そのルールは、人によって違います。自分にとっては御影石《みかげいし》、つまり花崗岩《かこうがん》が一番感じるとか。自分にとってはスレート、俗に那智黒《なちぐろ》といわれる碁石に使うような泥岩が感じるとか。

いや石灰岩なんだ、という人もいます。いやいや、長石。いやいや、ざくろ石。いやいや、メノウが感じるんだという人もいます。黒曜石がいいという人もいる。

今あげた石は、どれもパワーストーンの最も原始的な素材の母岩になっている石です。パワーストーンをそうやって捉え直すと、川原に落ちている石だけでも面白い感覚旅行ができる。これは、けっこう楽しめます。

一生味わえる自分の場をもっている人には落ち着きと自信がある

１　人から直接得るものにまさるものはない

一生味わえる自己科学

一生それに関わっていって終わることのない内容を持っているもの、それが、どこかにあります。自分が好きでやりたいものであって、かつそういうものであれば人生は盤石です。

自分にとって、それはどういう分野なのか。

科学者は、「それはサイエンスです」というでしょう。何となくエビデンスが信用できるものというイメージでは、たしかにサイエンスでしょう。信用できるエビデンスを、たくさん持っているのはここだ、というキャンペーンが一番うまいのは、やっぱり科学です。

私の基本主張はこうです。

一般の人が知っているエビデンスと、実際に科学側から見たエビデンスというのは、科学の分野によっても全部違うはず。医学のエビデンス、農業のエビデンス、文学のエビデンス、理化学のエビデンス、物理学のエビデンス、これらは全然違います。

だけど、科学の素人は、「とにかく科学をやってさえいれば確実だ」と思います。キャンペーンが効いて、エビデンスのあるものの中に自分はいる、というイメージを持ちやすいからです。

学問を身につければ、安住が得られると思うのでしょう。学問の方法を使えば、心が整理できるし、落ち着くはずだ、と考える人が多くて、これが若い人たちの、借金を抱えても大学に行かなければという、強烈な人生の流れをつくっています。

学問は重要なことだと、私も思います。しかし、今の学問の体系を決して根底からすべて批判するわけではないのですが、それ以外にも一生を味わえる場はたくさんある。そのことが伏せられています。

学問偏重型の教育を受けてきた若者は、卒業したときになって、社会を生きるルールは、学問の中のルールとはかなり大幅に違うということを知らされます。大学を出て初めて、このギャップを経験するわけです。４年制の大学を出たところからが人生の本番です。

ここから、別の科学がはじまります。それが自己科学です。自己像のイメージやら、関わるものの美しさやら、そういったものを感じ、一生味わっていける自分の科学を、独力で築かなくてはならないのです。自己科学を確立するのは大変なことです。

だからこそ、若いうちからやっている必要があるし、親や大人、先輩、こういった人たちが、先んじて楽しんでいるものから学ぶ必要がある。とても大きなものとしてあると思います。

ここまで縦社会が壊れてしまった世の中で、その代わりにインターネットがその面白さを教えてくれるかといったら、難しい。

情報や写真の羅列はあります。しかし、それらはぺったんこの刺激です。薄い。そうではなく、生の人の声で語られるイメージの刺激は、どれだけ立体的で、リアルで、冒険的かということなんです。

相手の心をほぐす

一生味わえる場を見つけるということは、すごく大事です。それを見つけようと思ったとき、一番すぐれた媒体は情報ではなく人です。先人たちの話をよく聞くことではないかと思います。

人と人との接触、衝突、ある場合には激突になるかもしれない。そういう体験です。

その人たちが、心血を注いで書いた本をじっくり読む。そういうことがとても大事だと思います。これは、今ある学問教育では、なかなか得られないポイントです。

横串的に、美術も、文学も、物理学も少しずつ、何か簡単な入門書を見つけて、横読みをするということも大事かと思いますし、かつ、人の話の聞き方がうまくないと、先人から価値ある情報をなかなか引き出せない。

引っ込み思案だとか、自信がないだとか、口下手でとか、いろいろあるでしょう。それら全部を背負っていて、話を引き出すのが困難な人もいます。

でも、そういう人にもできる方法があります。相づちの言葉は100以上見つけておく、リピーティングがうまくなる。この2つだけでよいのです。

人にすごく喜んでいただける聞き方は、適度にリピーティングすることです。

「私は、これこれこういう理由で、こういうものが好きなんだ」とある人が語ったとしたら、「え、先輩はこれこれこういう理由で、そういうものがお好きなんですね」と返す。

これは同じことを繰り返しているだけですけれど、相手の心は満ち足りる。これがリピーティングです。

心理学が、その効果を保証している、相手の心をほぐすためによく使われる手法です。リピーティングを丁寧に、ちょっとずつ言葉を変えながらやることによって、相手は、「この人は、すごく丁寧に聞こうとしているんだ」という印象を受けます。

それによってリラックスし、また多くの情報をくださるようになる。印象を悪くしないで、聞き取りができるのです。

2　続行していく中で、解決することも好転することも生まれてくる

飽きない長期戦略

自分が一生味わえるものには、どんなものがあるのか。今、取りあえず確信が持てたものが陶芸だったとします。陶芸に取り組み始めたら、うまくなることが重要です。うまくなればなるほど、意欲は増し、やりたいことの範囲は拡大していくからです。

うまくなるのは、何をしてうまくなるのか。繰り返し、繰り返し、反復学習をすればうまくなっていくわけです。人によって時間はかかるかもしれません。

そのときに重要なのは、途中でやめないことです。自分を飽きさせない方法論を、陶芸だったら陶芸というテーマの中でどれだけ戦略的に立てられるかなのです。

長期戦略を立てる、続行戦略を立てるということです。長期戦略というものは、時間が味方についてくれますので、少し嫌いなぐらいのものでも楽しいものに変える力があります。

昔の日本社会では、それを非常に珍重しました。長く勤めた人をみんなで愛でて、勤務が長くなるにつれて高い給料を払って、そして定年退職までいてもらう。

そういう哲学が、集合体や企業の中にあった。学校ではそれの予備段階として、先輩を敬う

ことを学びました。

そういう長期戦略を持っている社会でも、弊害はあります。

長くいるだけで悪いやつらもいっぱいいたわけです。時代のさまざまな変化にともない、だんだんその問題点だけをほじくり出すようになり、現代の日本では、長く続けることの楽しさや、嫌な事が楽しい事に変わっていく恩恵が、あまり語られなくなってきました。

人間という生き物は、長く存続することによって、他の動物よりも上手に身を守ることを覚え、最も多くの幸福を手に入れたといわざるを得ません。

その幸福のごく一部のかけらが科学だったり、ごく一部のかけらが恋愛だったり、ごく一部のかけらが技術を持つことだったりするわけです。

一生味わえるものを、自分でコツコツと組み上げていくことが、私のいう自己科学です。

開運とは、自己科学を別のいい方で表現したものです。

やり続けていけば、どんどん面白くなってくるもの、長く続ける価値のあるもの、実際に長く続くもの、それが自己科学です。

第2章　お金の開運術

運を上げるための最高のトレーニング・グッズ

1　お金は人から愛された分だけ入ってくる

お金は不公平なもの

お金というものは、一見、非常に不公平に見える。その不公平感から、お金はよいだの悪いだのといわれるのですが、冷静に考えると、お金というものは、単なる人と自分との約束でしかないわけです。

運・不運を、お金をめぐって考える場合に、みんなお金の得方を考えようとするものです。運がよくないとお金が入らない、そうみんな思うけれども、私からいわせれば、運を上げてくれるための一番いいトレーニング・グッズです。

一言でいってしまうと、**愛された分だけ、お金が入ってくる。人から認められた分だけ、お金は入ってくるものなのです。**

人から愛された分だけお金が入ってくるわけだから、問題は、いかに認めていただくかです。いかに愛されるか、いかに楽しい人だと思ってもらえるか、それが大事なことになります。

そういったことを鍛えることによって、収入は増えていく。冷静に考えれば、当たり前の話です。そこに、みんないろんな理屈を挟み込んで、いやそうじゃないんだ、それじゃないんだ、とやるから、わからなくなるのです。

仕事というものは、字のごとく、仕えることです。何に仕えるか、どういう仕え方をするか、そこに仕事というものの真髄があります。仕えたことによって、お金が入ってくるのも、これは当たり前のことです。

仕えるとは何かというと、とても簡単。自分のわがまま放題を少し横に置いて、他人のこうしたいに合わせていくこと、貢献していくことです。それがどれだけできるかです。

他人が喜びたいことに心と労力を向け、かつ貢献できたとき、お金を得るほうの運が上がっていくのです。

そんなに複雑なことではありません。いかに効率的にやるかです。

少ない種銭で、少ない労力で、どれだけたくさんの人を喜ばせられるだろうか。その方法論を考えた人が、富を築くわけです。富というものは、喜ばせた分そのものだからです。

日本は、あれこれいっても、世界で富を一番持っている国だと、私は思います。

世界中歩きましたけれど、ペレストロイカのときのロシアは、日本の終戦直後の状況でした。こてんぱんにやられ、敗戦した直後の日本のように、ロシアの官公庁のあるメインストリートが闇市になっていた。パトカーが、5ドルで白タクをしている。

今のロシアは、そこからまだ間もない国なのです。

インド・パキスタンなんて、いまだに大騒ぎで、今日もニュースでやっていたけれど、光化学スモッグで昼間でも先が見えない。これでは、決して先進国とはいえないでしょう。

日本は、お金を得ることに関して、とても高度な技術が集まって、豊かになった国だと思います。落ちてきているというけれども、いまだに優れたものがあります。

その日本を後追いして抜いていった中国は、覇権主義だ、大国主義だといわれています。今、世界から突きつけられているのは、昔からの孔子・老子の哲学を忘れてはいませんか、というところでしょう。他の国を敵に回す、脅かす、買収する。これでは誰もが認めません。

重要なのは、コツコツと真面目に人を楽しませる仕事、喜ばせる仕事をやっていくことです。そうすると、少しずつ小銭が集まってきて、給料が増えてくるものです。小銭じゃまだるっこしい。そういう方もいるでしょう。

加速度的にお金の運を伸ばすためにはどうするかというと、使い方です。

2　お金を持っていないときから使い方を考えておく

ユダヤ人のお金の使い方

お金をちょっとでも得たら、真っ先に考えなければならないことがあります。それは使い方です。ユダヤ人はお金の得方が汚い、使い方も汚いという人がいるけれども、私はちがうと思います。

ユダヤ人がなぜ富むようになったか。

原始的なキリスト教から、「ユダの末裔だ」といわれて、厳しく差別され、金融業にしか就けなかった。それがユダヤ人たちです。一番過酷で、利益の少ない金融業の中で彼らがなぜ伸びたのか。そのことを、世界の人々は学ぶ必要があると思います。

学ぶべきことは、お金の使い方です。

彼らは、「どんなに貧しくても、得た利益の１割は神様のために使うんだ」と、こう考えます。１割はけっこう大きいです。

キリスト教の「１割は教会に寄付しなさい」という考え方は、それに準じたものです。今、日本で大もめにもめているような、宗教団体に寄付することではありません。直接、神様のために使う。

日本の場合、神様の捉え方は大自然ですから、それを守ることになるでしょう。大自然が荒れ果てていかないように、手を入れ、植林して、復元に貢献する。

あるいは、そういう空間を守っている神社仏閣を敬愛して、賽銭箱にお金を入れてくる。これが一番プラスになる使い方だと思います。

何にプラスなのか。得たお金を、そういうところに少し入れていると思うだけで、心が落ち着くのです。どこかで感じている、自分は後ろめたい守銭奴なんだという気持ちを、落ち着かせることができます。

そのことによって、他人を搾取しやがってとか、守銭奴だからとか、儲けやがってという責める心がなくなる。自分の稼いだお金を、そういうところに多少なりとも使うことによって、お金そのものが、汚い、醜い、汚れているという発想を、捨てることができるのです。

3　お金をよいイメージに変える

お金は敵じゃない

お金に対する不公平感は、使い方の誤作動と、お金そのものに対する、いろいろな想念のネガティブさから出ています。マイナスのイメージを、よくよく心の中で交通整理をして、お金はきれいに使う、優しく使うということを考える。これが先なのです。

ビジネスの取引でも、成功するビジネスは、まず相手にどういう喜びや利益を与えるかを考えています。

取引先の方が来られたら、どういう席に座っていただいて、どういうふうにまず楽しんでいただくか。それを考えることは、とても大事なことだと思います。

日本には、おもてなしとか、接待の文化とか、お菓子を持っていく文化とか、相手に喜びを与える文化がいろいろあります。最低でも、一緒にその相手と何かを食べる。または、相手に何か食べ物を差し上げて食べていただく。

これは、相手の潜在意識を癒やすことです。そうすると、相手を恨むことができなくなる。

これは、ある種の呪術的な行為といってもいいでしょう。

嫌だなと思う人が訪ねて来たとしても、その人がお菓子を持ってきたとしたら、少しその敵《てき》愾心《がいしん》が消えるでしょう。硬かった表情が和みます。どこかで敵対する関係にある人ほど、何かを食べていただく。これがとてもいいわけです。

おいしいもので相手を癒やすのは、お金の運を上げる「いろは」です。

まずはそういうところから考える。あめ１個でも、チョコレート１個でもいい。思いを込めて、ちょっと口寂しさをまず癒やしてくださいね、というところから始めるわけです。

こういう礼儀が積み重なったのが、盆暮れのやりとりだったり、訪問するときの菓子折りだったり、一緒に会食をするという文化なのです。

今は、その意味さえ忘れられています。

大きな企業間でも、取引先同士の会食はやらない。コロナだからという大義名分ができてしまってからは、ますます、皆さんで楽しく会食することがなくなりました。

酒の席、食事の席でビジネス交渉をすることが少なくなってきています。これでは景気が悪くなるに決まっています。取引高が減るに決まっています。

まず使い方のビジョンを発展的に変えていくということだと思います。使うにしても得るにしても、どちらにせよ楽しくやらなければダメです。

お金の開運をするためには「自他共楽」です。何かお金のやりとりをする場合には、お互い楽しくなるというベースがないと、運気が伸びていかない。

お金は貴重な鉱物

根本にあるお金そのもののイメージを、徹底的によくすることは、とても大事です。

風光明媚な山の奥の鉱物から取れた銅やニッケル。そういう貴重な金属から生み出したのがコイン、硬貨です。すてきな水源から生えてきた、ミツマタ・コウゾといわれる植物で成り立っているのが紙幣です。お金そもそもの素材には、何一つ汚い面がない。

お金は、自然に恵まれた場所から取れた、その自然の最も中核にある素材でつくられています。こんなに清浄で、汚れなく美しいものはありません。それなのに、お金の根本イメージが、いまだに汚い。

きれいなお金、汚いお金というい方があります。お金は汚いと思うのは、お金を見ているその人の汚さが映っているだけです。お金は、ある意味で鏡のようなものです。

古いタイプの儒教的なものの弊害が、そこに見られます。周りが悪い、私はきれいだと思い込むための偏った正義を、儒教的な思想から取り出してくる。

日本の場合は、特にそれが助長されていると感じます。

ケチケチ文化の発生

社会構造全体を見てみると、労働者たちには今、お金が入りません。この10年というもの、ベースアップがしっかり作動していない。

大手企業は、儲かるお金が増えているのにもかかわらず、労働者に回しません。やっぱり留保資金が必要だという。

彼らがそうするのにも理由があります。

社内留保しておかないと、外資に会社がどんどん買われてしまう。外国資本がたくさん入ってきていて、戦う相手は国内のライバル企業ではなくなってきている。マネーゲーム、テリトリーゲームではなくて、外との戦いなんだ、という主張です。

大手は大手で、自己説得をしてしまって、働いている人と企業の視点が食い違っている。

しかし、気がついてみると、バブル絶頂のときより、国内に留保しているお金は、明らかに増えています。これは異常な事態です。

今の政府は、お金を企業から吐き出させようと、いろいろな策を講じています。しかし、そういう環境的な要因では、お金は動かない。

お金というのは「お勘定」です。私は、口癖のようにいっているのですが、お勘定は感情に沿って流れているものなのです。

企業もそうだし、個々の人もそうです。企業は、先ほど述べたような理屈でお金をかかえこんでいます。

個人はどうなのかを見ると、使わない。

社会不安だ、先行き不安だ、年金がこの先どうなるかわからない、給料は上がっていない、だから使えない。そうなったのも全部、大手企業の留保のせいだ、結局あれが悪い、だから私はお金を使わない、とこうなっています。

こういうイメージ連鎖が、会社にもあるように、個人にもある。大儲けしていても、お金を留保してしまう企業の意識と、個々の人の、使わないという意識が一緒になってしまっています。

結局は、みんなでケチケチ文化をつくりあげ、お互いに相手を責め合って、お金が使われていないとなります。

そういいながら、スマホと自分が好きな物に関しては、全国民が大量にお金を使っています。国内消費を見てみると、高い商品からじゃぶじゃぶ売れていく。

一方で、こんな状況も続いています。

お金のイメージの誤作動が、今の不況を形成しているのですから、お金のイメージから変えていく必要があります。個々から状況を変えていくことです。

宝の山に住んでいることに気づく人・気づかない人

1　人を喜ばせるシステムをつくる

宝は不がつくものにある

金運を開くのは、人を喜ばせるシステムを、自分の周りに構築する知恵の問題です。

自分が今までどういう教育を受けて、どういう才覚を持っていて、人と違うどういったものがつくれるか。どういったティーチングのシステムがつくれるか。どういった人のサポートができるか。

そういった自分の優れたものを、発信材料に使います。それに絡めて、どういう商品が人の役に立つかを、まず考えるべきなのです。

ある方が、アドバイスを求めて訪ねてきました。

「毎日とにかく不安だ。日々不安なことしか頭に浮かばない」

「ああいう不安、こういう不安と、いろいろな不安感が頭をよぎってくる」

私はこう申し上げました。

「それは面白いですね。人よりたくさんいろいろな不安を考えていらっしゃるんですね。そうしたら、不安を研究対象としなさい」と。

いま、学問の世界で流行り始めているのが、ヒューマンセキュリティーという分野です。テレビコメンテーターでも、その専門家が出てくるようになりました。こういう不安な状況が生じたらどうしよう、こういう不安な状況が生じたらどうしようという、こまごました不安にアドバイスする、セキュリティーの専門家です。

不安をどうかいくぐるかのノウハウを提供するだけでも、お金になるのです。不安のセキュリティーを提供する仕事が成立しています。

それで、私は、さまざまな不安に悩んで訪ねてきた方に、「不安の情報提供のサービスをやってみたらいいいんじゃないですか」と、アドバイスしたのです。

その人は、いま、少しずつ利益を上げているところだそうですが、このように、無価値に思われる不安そのものだって、お金を生むことがあるのです。

「不」が付くものがいろいろあります。たくさんありますが、どのくらいあげられますか？

不可能・不能・不具合・不親切、わからないのは不明。このような「不」が付くものは、ほとんど全部ビジネスの果実といっていいぐらいです。

「不」のあるところには、儲かるネタがひしめき合っている。

不安を不満につなげる癖のある人がいます。

不安があるのが不満。とにかく満たされないで、不快な思いを繰り返す。頭の中で、嫌な思いを繰り返す道具として、「不」が付くものをいちいち考えるという癖です。

「不」が付くものを利益に変えようとしたら、どうしたらいいのか。

「不」が付くものが目の前にあるということは、何かに対する問題意識が目前にあるということです。問題が見つけられれば、必ず答えは見つかる。そこまでで、半分以上済んでいるのです。

同時に、「不」で苦しんでる人がいたら、その人を楽しませるにはどうしたらいいかを考えます。

自分なりの具体的な材料を出してみる。「不」が付くものほど面白いのです。最も少ない労力で何かを楽しませる、そのネタです。

この何十年もの間、めちゃくちゃビジネスで成功した人はそこを突いた人たちです。それを実践した人たちでした。

マメな3年間

ＩＴが成功したのは、現代人が求めてやまなかった情報のスピードに、この30年で最も貢献したからです。

ＩＴが驚異的に伸びて、驚異的に儲けたのは、一番少ない労力でそれを成し遂げることができる仕組みだからです。それで儲かった。

インターネットがここまで普及すると、今と、数十年前の時代とは、まるで別の惑星のような違いがあります。昭和の時代に、何か事業を起こそうと思ったら、それなりに種銭がかかりました。むしろ多大にかかったというべきでしょう。

何にお金が必要だったかというと、宣伝費です。

１億円単位を売り上げる会社を立ち上げようとして、いろいろなコンサルタントに相談すると、どんな商品でも、必ずこういわれたものです。

「種銭で５０００万から1億は最低でも用意してくださいね」と。

１９９０年代でもそうでした。しかし、今はその宣伝費が、ネットの中で簡単に済むのです。ネットの中は、テレビやラジオ・雑誌と違って、ものすごい量の情報がひしめき合っています。だから、いかに人より変わったものを、いかに話題になるように発信するか、が鍵になります。

逆にいえば、それさえあれば、いける。ユーチューブ・ツイッター・フェイスブックなどは、大きなビジネスを立ち上げるための発信の場になります。それも低価格でなる。

多くの方が、夢や希望を持ってベンチャー的なことを発信し始めるのですが、2年ぐらい頑張る人はまだ長いほうです。

多くの方は、お金にならず、途中でやめてしまいます。統計の専門家にいわせれば、3年から4年ぐらいのがんばりが必要です。

自分が発信しているもの、それがノウハウであれ、商品であれ、物であれ、それのよさ、面白さを3、4年は発信しつづける。かつ、それに関わるお客さんの喜び、自分がつくる喜びを発信する。

毎日1行でもいいから発信しつづけた人は、3年から4年で確実に利益を得ることがわかっています。それも、ほとんど本業を辞めていいぐらいの利益が得られる。

お金の運を拡大しようとしたら、それは意外と難しくない。3年から4年の継続でいいのです。これが難しい人もいるでしょう。

そこで、計画性が必要になってきます。「その3年をどういうふうに、まめにやるか」を、立体的にイメージする。

ふだんから、愛されること、喜ばれることを鍛えておかないといけません。せめて、人を励ましたり、楽しませたり、喜ばせたりする言葉はたくさん仕入れておく。何もないところから、人に関心を持っていただくのです。

そのためには、喜ばせ方をたくさん持つ。これは当然だともいえますが、最初の人間の開運のための財産です。

毎日発信が続けられて、喜んでくれる人が増えてきたら、その人たちに、どういうアイデアを提供するか、その人たちのアイデアを、どういうふうにサポートできるかという仕組みを考えていきます。

それを支えるのがイメージ力です。いろいろな仕組みを考えるとき、デジタルで数字的に考えるのではなくて、立体的に構築したイメージで考える。

「仕事運」の章でくわしくお話ししてきましたが、そういうふうに物を考える習慣をつける。イメージ力は常日頃鍛えておくということがとても大事です。

悲壮感は×

イメージすることが好きになるには、夢見る、空想する、妄想する、なんでもいいからイメージの世界に遊ぶとよろしい。

モチベーションを高揚させるためには、悲壮感を少しでも払拭します。悲壮感は、邪魔です。

たまに悲壮感ただよう表情で、神様かなにかにお願いごとをしている人がいます。

しかし、その願いはたいてい叶いません。これはあとで出てくる「無邪気さ」に通じる話なのですが、**人は子どものように無邪気に楽しみながらしているときに一番、勘が働き、心に余裕も生まれ、自分の持つ力を発揮できるのです**。

だから物事を無邪気に楽しんでやったほうが、事態がいい方向へ進んでいく。

しかし、悲壮感が出ているときというのは、もっとも「無邪気さ」「楽しさ」から離れている状態。当然、本来の自分のポテンシャルを発揮できず、結果、物事がうまくいかないのです。

では、悲壮感を消すためには、どうすればいいのか。

一番わかりやすいものに、おいしい物を食べるというのがあります。

心が楽しくなれる一番単純なものは、食べ物です。その次に自然です。さらにその次にくるのが、音です。音で心を高揚させる。

成功した人は、自分のテーマソングを持っています。

プロレスでもリングに登場するときのテーマソングが決まっています。プロレスを見ている人も高揚するし、やるほうも高揚する。結果的に強さと面白さを生む。それが音楽の力です。

やはり大きなのは言葉です。

言葉というものは音も喚起するし、イメージも喚起する。そういう言葉の知恵をたくさん持っておく。いろいろ楽しい言葉を収集するために、本を乱読することをとにかくお勧めします。

起承転結をつかむとか、ストーリーを追う読み方が主流ですが、言葉を集めるためだけに本を読む。言葉を集めるために、街のさまざまなコピーを見る、チラシを見る。

一番、言葉の仕入れに適しているのは新聞です。

最近新聞を取る人が少なくなっていますが、新聞は、毎朝届く言葉の宝庫です。

テレビやラジオの言葉は、素早く消えていってしまいますが、新聞は、手元に残る。そして、このフレーズが面白い、あのフレーズが面白いと、いっぱい収集して、書き留める癖をつけるのです。

そこには、褒め言葉もあります。商品を楽しく見せる形容詞もあります。自分を勇気づける言葉もあります。同時に他人を喜ばせる言葉でもあるかもしれません。

それを楽しみながら、悲壮感に対抗する心づくりをします。

それでも、どうしても悲壮感を消せず、無邪気になれなかったら……。

そうしたときは、これから頑張って成功を摑み取ろうと力むのではなく、**「自分はすでに成功している」「自分はすでに成功の中にある」とイメージしてみればいいのです**。

そのイメージから得られる安心感が、何かに怯え、強張った心を解きほぐしてくれます。

失敗の恐怖から解放されたら、物事に対して、自然と無邪気に楽しめるようになりますよね。

このイメージの偉大な力に関しては、のちほどまた詳しくお伝えします。

異性を喜ばせる

金運を高めようと思うならば、異性を喜ばせることです。

異性を喜ばせれば、喜ばせるほど、お金が入ってきます。


恋愛関係にならなければいけないということではありません。

とにかく男性は女性を喜ばせる。女性は男性を喜ばせる。

この相互関係が少しでも向上してくれば、またこの技術が少しでも上がってくれば、確実にお金が得られる力は増えてくるのです。

銀座は、その名のいわれのとおり、昔お金をつくっていた所です。今では、最もお金の運が上がる場所です。銀座は、女性たちを喜ばせる所だからです。

歌舞伎もそうですが、たくさんの人を喜ばせる力を競い合う習慣が生まれたから銀座は繁栄したのです。

私は、20代のバブルのときに、会社の秘書みたいな立場におりましたので、よく銀座に連れて行かれました。銀座は、社長連中が競い合うところです。どれだけ女子たちを楽しませられるかを、巨額の利益を得た社長さんたちが、しのぎを削っている。

私は、それまで銀座というところは、経営者たちがふんぞり返って遊んでいるところなのかなと思っていました。

ところが、行ってみたら大違い。皆さん非常に気を使っていらっしゃる。大枚のお金を使っているのに、接客してくれる相手にものすごい気を使っている。その腕を、社長さん同士が競い合っている。戦っているのです。

かばん持ちでついて行っている秘書連中とか、そこで黒服をやっていた人たちとか、社長連中の周りにつきまとっている男たちが、それをじっと見聞きしています。そこからよく学んだ人は出世していくのです。

当時、銀座で黒服をやっていた人たちから、優秀な経営者がたくさん出たのを、私はよく知っています。誰とはいわないけれど、有名なテレビ評論家になった人もいれば、大きな会社の社長になってバブルを越えて生き延びた人たちも多いのです。

異性を楽しませる力は、お金の開運に直結しているのです。

男女の喜ばせの仕組み

男性にとっては、女性を喜ばせるツボは見えにくいところです。女性は、人物情報でしか喜ばない。そこが男性にはよく見えていない。

逆に、女性が男性を喜ばせようとしたらどうでしょう。人物情報ではダメなのです。男性は、空間情報や物の情報でしか喜ばない。それを知っているだけでも、喜ばせ方が変わってきます。

女性に対したときには、「A子がね」「B子がね」「C子がどう思う」という話を丁寧に聞いてあげなければいけない。

「あなたはどう思うの？」「私の気持ちはこうなの」、これらは、すべて人物情報です。そういう話を、丁寧に聞いて差し上げなきゃいけない。

女性が男性に対したときは、女性お得意の人物情報では相手は喜ばない。男性は、「このフィギュアが楽しいんだ」とか、「会社がどうなんだ」とかの話を聴いてほしいのです。

毎朝ニュースを見ては、腕組みをして、「ウクライナはどうだ」「北朝鮮はどうだ」という男どもが好きなのは、空間情報です。

そこに寄り添ってあげることのできる女性は、伸びていきます。

昔から続いている『朝まで生テレビ！』という番組。あそこで論じられる社会的な問題は、まさに男たちが好きな空間情報です。そこで名言を発する女性キャラクターたちは、みんな出世しています。

どういうふうにしたら、男性を喜ばせられるか、という視点は、女性の社会性とすごく関わっています。たいがいの女性は、それが苦手なように見受けられます。

一方、男性は、女性の得意分野の人物情報が苦手ですから、人間により関心を持たなければ、商売は成功しない。

女性が好む人物情報に寄り添って、「あなたはきれいですね」とか、「あなたは本当に皆さんにいい笑顔を振りまいていますね」とか言えて、女性がいろいろ話してくる人間関係の不安・不満にうまく話を合わせて、それらの話題に添い遂げてあげられる男性は、確実に成功できます。

喜ばせの仕組みを学べるのは、恋愛が一番です。

野菜を売っていようが、スマホを売っていようが、お酒を売っていようが、ホストであろうが、やはり相手を喜ばせた人が伸びていきます。

特に、自分の性の反対側の性の人たちを喜ばせた人は、確実に成功の階段を上る。利益の階段を上る。これはもう間違いないといっていいでしょう。

成功哲学の有無

年商何十億円、何百億円という社長さんがいます。私はそういう方にアドバイスをすることもあるし、お話を聴く機会がよくあります。

いろいろ詳しく聞き出すと、私なんかよりずっと借金を持っている場合が多い。利益も大きいけれど借金も多いのです。

その人の生き様が、経営全体に響いています。年商10億、しかし借金は100億といったら、私なんかより90億も貧乏なわけです。

表面上の年商だけを見れば、とても儲かっている。そういう人のいうことを、みんな感心して聞いていますが、はっきりいって、銀行がやらせているだけの「やらせの経営者」が圧倒的に多いわけです。そういう人が、重要な成功哲学を持っていたためしがない。

重要な成功哲学というものは、じつは単純明快。相手を喜ばせる。とりわけ、自分とは性の異なる相手を喜ばせることです。

それを恋愛の中から学ぶことです。成功は楽しいプロセスなのです。

2　不幸になる要素が芽生えると、お金は真っ先に離れていく

借金から利益へ

すぐにお金を得たい、今、借金で大変なんだという人は、何からはじめたらよいのか。まずは、仕入れでお金が掛からないものから立ち上げるべきです。それも大変だったら、優秀な経営者をサポートすることによって、利益を得ることです。

これから伸びていく可能性のある、人を楽しませる力のある人を見つける。それが優秀な経

営者です。

そのときに重要なことがあります。自分が借金だらけだとしたら、その理由を見つめなくてはなりません。そこには、必ずよからぬ何かがあります。

自分は、今まで人を楽しませてこなかったんだ、傷つけてきたんだ、嫌われてきたんだ。そこを本当に見つめ直さないと運は上がらない。

詐欺防止のコンサルタントを、しばらくやっていた時期がありました。

詐欺師になってしまう人は、最も不幸な人です。人を傷つけて、お金を奪うことを楽しむしかなくなってしまった、そういう不幸な人です。純粋な邪悪を持っている人だともいえます。罪を犯す人も、そうかもしれません。

人間がそうなるには、長い長いマイナスの自己説得のプロセスがあります。その大本にあるのが見栄です。

やっぱり見栄が捨てられない。表面的なものに過ぎないのに、自分はすごいんだ、すごいんだ、すごいんだと言いつづける。そういう偽の自己説得を止められない。大概の詐欺師は、この長いプロセスで借金を重ねています。

ある場合には、見栄を張ることも必要です。ただ、きちんと見栄を張るためには、その見栄に匹敵するちゃんとした利益がなければならない。それがないと、必ず早急に破綻します。

漫画『闇金ウシジマくん』が大はやりで、スピンオフのシリーズもいっぱい出ています。あそこには、いろいろな借金をこさえる人たちのパターンが出てくる。

『ミナミの帝王』もそうです。ここにも、いろいろなパターンが出てきますが、借金をこさえて闇金に手を出す人たちの流れは共通しています。

どれもこれも同じ。見せかけにしがみつくのです。そのうち、それが見せかけなのか、本当なのかもわからなくなる。

そうして現実のお金勘定ができなくなる。計画が立てられなくなる。時間のコントロールができなくなるのです。

借金取りのプロと話をしたことがありますが、回収のうまいプロは、借金だらけで逃げ回っている人を取っ捕まえてくると、時間管理の方法を訓練して教えます。

まずは、時間を守ることを教える。時間は、お金と同じく、他人との約束です。これを守るのは、お金ほど難しくはない。

その訓練をした後で、お金を少しずつ稼げる人間に変えていく。それによって、本当に立ち直ったといえる人が生まれてくるわけです。

時間管理から楽しみの発見へ

社会に出た最初に、短い間でしたが、警察官だったことがありました。その時の警察学校の校長の言葉が忘れられません。

「おまえらが小学校から警察学校に入っていれば、全員東大に行かせる自信がある」

そう学校長がいったのです。

確かにそうだろうなと思うぐらい、警察学校というところは、時間管理を徹底的に教えるのです。お掃除は時間内にやる。これを徹底して訓練されました。

お掃除をしているうちに、時間管理がなんで大事かが身に染み込む。

また、ご飯も時間内に食べます。しっかり短時間で早く食べる。そういうことも仕込まれました。

警察学校の生活は、刑務所での囚人の生活とほぼ一緒です。刑務所を出てから、また犯罪に戻る人もいるけれども、囚人が更生するための技術は、基本は時間管理です。自分でまずは時間を管理する。それを教えるのです。

社会人も同じです。最初の練習はどこからするか。人と会う約束をしたら、やはり最低でも5分前ぐらいには行っておくことから始める。

早めに待ち合わせの場所に行ったら、その周辺の街をウォッチングする。おいしいコーヒーやケーキのお店があるか、楽しいパチンコ屋さんがあるか、何かアミューズメントがあるか、博物館があるか。

待っている間に、そんなことが調べられます。街を面白がれる大チャンスだと気がつくのは、お金の運を上げる入り口です。

恐ろしい金霊

長い間に、たくさんの経営者を見てきました。バブルの入り口に日本人が立ったあの時代に、数千億を動かしている経営者たちも見ました。

お金を回すだけでお金を生むという、バブル期流のやりかたをしていた人たちは、どうなったか。それも見てきました。

金を回して儲けていく父親を見ていた子どもは、その親父が最初にやったように、きちんと一から種銭をつくる苦労をするかというと、する気も起きない。

そのポンコツ2世、ポンコツ3世が、親父が必死でつくり出した、お金がお金を生むシステムをいとも簡単にぶち壊すのです。

結果どうなったというと、ほとんど家族離散です。

それはユダヤ人だって例外ではない。大きなユダヤ系企業の息子さんが、インドでバックパッカーをやっているのを見たことがあるし、家出して縁を切られた2世・3世もたくさん見ました。

お金は、幸せという家を建てるためのカンナやのこぎりです。道具なんです。

それを忘れてしまったら本末転倒。それがわかっていたら、お金が山のようにあって、それを転がすだけで莫大な利益を、しかも自分の利益だけを増やしていこう、なんて愚かな考えには到達しないはずです。

お金というものは、意外と正直です。よくいわれるとおり、お金はたくさんある人の所にわーっと集まろうとする。

金霊《かねだま》というものがあるとすれば、意思のある霊的には生きた存在だと思います。お金は集まった後、みんなでその人を見て、その人が少しでも不幸になる要素があると、真っ先に離れて行く。

そういうものをたくさん見ました。

一代でカリスマ、ワンマンでのし上がった人は、お金を回すシステムをつくるプロセスで、人を信用できなくなります。お金で裏切る人をたくさん見てくるからです。お金で裏切った人は、その後ろめたさで結果的に押しつぶされていく。

お金だけ膨らんじゃった人は、人を信じられなくなりますが、その信じられない感覚のまま家族と接します。

家族が何か不安そうな顔をしていれば、すぐに札束を渡すようになる。家族の幸せでさえ、お金で買うとする。

でも、やっぱり愛はお金で買えないんです。愛情を持てばお金が得られますが、愛だけはお金で買えない。これが、お金の逆説的な法則です。

お金と愛とでは、愛のほうが霊的な力はめちゃくちゃ強い。

愛とは何か。これも宗教によって考え方が微妙に違います。

仏教のいう慈愛と、キリスト教の友愛とでは、だいぶ違う。儒教のいう愛情も、だいぶ違う。

その人のそばに来た人を喜ばせようとする努力が、愛です。

私は、複雑に考えたり、あまりにも高尚に考える必要はないと思います。その人なりの朴訥《ぼくとつ》な方法で、それを少しずつ少しずつ繰り返せばいいのです。

愛情を持って喜ばせていると、一方的に奪う人が現れることもあります。

あの人のそばに行ったら、笑顔でいつも心地いいや、と思われる人には、貪る人、頼る人、奪う人も寄ってきます。

貪る人たちが来たときには、この人たちに、どれぐらいの愛を振る舞ったらいいのかな、というバランスを学習することが必要になってきます。

どういうふうに距離を保つか。つまり、愛を守ることも大事です。

第3章　健康の開運術

口とガマグチとの不思議な関係

1　食べ物と人の相性はつながっている

好き嫌いの不思議

戦後、食糧難のなかを生き延びていく過程で、たくさんの開運術が説かれました。自然食を食べましょうね、という開運術は、その後マクロビオティックという形に接続されていきます。桜沢如一《さくらざわゆきかず》という人が、易の原理から食べ物のよい・悪いのバランスを説き、今やこのマクロビオティックという食事法は、世界に広がっています。科学的に根拠があるかどうかは、今も研鑽《けんさん》されている最中です。

私たちは、自分の体質に合った物を食べることが運につながる、ということをなんとなく知っています。私が薫陶を受けた古い霊能者たちは、口をそろえて言っていました。「口はがま口につながっている」と。

つまり、あらゆる利益は食べ物と相対する。食べ物が、最も関わって共鳴するのは、お金を生む人間関係だといっているのです。

どういう物を好いて食べて、どういう物を食べないかということは、その人の人間関係の癖を如実にコントロールするようになる、というのです。確かに、好き嫌いのない人は人間関係が豊かです。

しかし、好き嫌いがないと、へんてこりんな人も寄ってくる可能性があって、今度はそのコントロールがとても重要になります。食べ過ぎないように、ということになってくる。

私の場合、好き嫌いは少ないのですが、生のタマネギだけはどうしても食べられない。

昔、ある霊能者の先生にお話をしたら、

「それはそうだよ。秋山くんは正義心が強いからね。むいてもむいても中身がないのに、激しい個性ばかりを主張するタマネギという食材が嫌いなのは、あなたの人間関係に対する姿勢をものすごくよく表している」

と言われ、なるほどと思ったことがあります。

食べ物と人間関係は、本当に不思議な相対性があります。

最近では、カレーに入っているドロドロに溶かしたタマネギは、だいぶ食べられるようになりました。それと並行して人間関係も変化してきています。

人生の目的が見いだせなくてずっと不安でいたり、逆に人に当たり散らしているような人とも、少しは会話ができるようになってきました。食べ物の好き嫌いを少しでもなくしていくということは、重要なことかもしれません。

薬膳の効き目

食による開運は、やっぱりいい感情で食べるということに尽きます。

医療の世界では、漢方や新薬も含めて、いろいろな薬膳やらお薬があります。そこで科学的にもいわれていることがあります。

いい感情でお薬を摂取したときには、いいほうの効き目が助長される。逆に、悪い感情で摂取したときには、漢方は効きにくくなるし、新薬は副作用が出やすくなる。

今の傾向を見ていると、ケミカルな新薬は怖い、といって飲まない人たちが多くいます。漢方は漢方で、やっぱりロングで飲んでいかないと効き目が確認できない。すぐには効きません。そこの狭間で、今の近代病院は、結局は、新薬を取ることになっていきます。

新薬は嫌いだ、といっている人が、大病をして嫌々その薬を飲まざるを得なくなれば、当然のこと、副作用が大量にのしかかってきます。

漢方なんか信用できない、という人が、いくら漢方を飲んでも、効き目は最小限に下がってしまう。これは全てを感情の力が凌駕しているからです。もっといえば、イメージの力が凌駕しているからです。いいイメージでいろいろな物を摂ることが、食の開運の基本です。

プラシーボというイメージ力

お薬の世界では、経口薬の効き目を正確に取るために実験をします。その実験の際に排除しなければならないのはプラシーボという現象です。

プラシーボは、暗示効果と言い換えていますが、何となくいい加減なもの、人の思い込みたいな、ネガティブな意味で捉えられることが多いものです。

ところが、この暗示効果、プラシーボこそが、人間のイメージ力のパワーの一番根源的なものを表している言葉です。

なぜそういうことが起こるのかは、いまだに、よくわからないものとされている。それはそうでしょう。人間の念やイメージが、人生の多くを支配しているのに、そのことを知らないからです。

イメージ力は、特に体と、そこにつながる食のあり方を大きく左右します。だからこそ、いいイメージで、いい感情で食べる。よりいい感情で食べられる物、飲める物を探す。このことは、人生にとってとても大事なことです。

いまだに、悲しいなと思うことがあります。子ども用の薬の錠剤に、なぜドラえもんの形をしたりミッキーマウスの形をしている物がないのか。これが悲しいいし、残念です。昔は、薬の苦味を軽減するために、オブラートで包んで飲みました。ここには工夫があります。

なぜきれいなイメージ、かわいいイメージの薬がないのか。つくるのは簡単だと思います。しかし、そういうことに製薬業界があまり気を使っていない。いつも、なぜだろうと思っていました。

2　味を美味しく変えるものを活用する

美味しい空間で食べる

食べ物は、食べる空間で味が変わります。いや、そんなことはない。絶対ない！　という人は少ないはずです。

おにぎりは、やっぱりちょっと登った小山の上で食べたい。ビニールシートを敷いて、風光明媚な光景を見て、いい空気を吸いながら食べると、本当にうまい。空気がおいしいからだという言い方もあるけれど、やっぱり、空間がおいしいということでしょう。

別に、山に行かなくてもいいのです。おいしい空間は、好きな人といっしょに食べる空間、信頼できる家族といっしょに食べる団らんの空間でもあります。

和やかになれる場所で、いい感情をお互いに語り合い、引き出し合いながら、ゆったりと食する。こういうことが、一番の健康の秘訣です。

運と食の色

昔から、食は五色《いついろ》といわれてきました。５色の物を食べろという意味です。

食で運を伸ばすとは、言い換えれば、健康になることです。そのためには、５つの色の物を、毎食、食卓にちょっとずつ並べるのがいい。

その伝統を引いたのが懐石です。どういう素敵な器にそれを盛り付けるか。これで景色が変わります。美味しい空間になる。やっぱり、この五色はとても重要だと思います。

５つの色は、５つの臓器と関連しています。

体には五臓といって５つの臓器があります。

５つの色の違う食材は、この５つの臓器それぞれに、ほどよくパワーを送る。ほどよく見えない霊的な力が分配される。これが五色のお料理だといわれているのです。

黒。なかなか黒というのは少ない。昆布とか煮豆。ナスもあります。黒豆とか、黒ゴマでもいいでしょう。

白。これは少量のご飯や、わずかながらのパンや、ちょっとしたチーズでも構わないと思います。

青。これは野菜です。野菜はあくまでも青物です。白い野菜で、かつ、白いご飯も取ると糖分が多くなり過ぎる。だから、なるべく地上に生えている青物にする。地下茎の物は、全体的に糖分が高いことが知られています。なるべく地上に、青く生えている物がいいわけです。

赤。昔の日本の食生活では、赤酢だったり、赤色になる発酵性の物だったり、赤カブのような植物性の赤い色だったり、またはごく少量の果実だったりしました。

お肉は、昔の五行の考え方でいうと、赤というより白に寄るものです。赤身を専門に食べれば、これは赤とカウントしてもいいかもしれませんが、基本的には白。

こういった物をうまく組み合わせて5色とする。茶色も入れて、変化を与えながら5色をうまく取るようにすれば、大体間違いがないんじゃないでしょうか。

休み休み食べる

健康の開運術には、運気を上げる食べ方があります。

ちょっとずつを口に含んで、よく噛みながら食べる。ひとつ箸を運んだら、ちょっと休む。ゆっくり休み休み食べる。

まさに一品ずつ出てくる懐石料理は、一番運気を上げるものです。ゆったりしたペースは、開運術の重要なところです。

私たちのふだんの生活では、労働に合わせて食事時間が設定されています。それで、30分で食べちゃいましょう、15分で食べちゃいましょうという話になりがちです。

これでは、なかなか運につながらない。そこをうまくペースをつくって、ちょっとずつ休みながら食べる。

コンビニで買ったお弁当一つだって、少しずつ箸でつまみながら食べる。あっちいったり、こっちいったりしながら、箸休めをはさんで食べると、意外と満足感が大きいのです。

私は、仕事人間だった時間が長かったので、いまだに早食いの習慣が抜けません。けれども、最近はなるべくゆっくり食べるようにしています。

成功した人ほど、落ち着いて食事をしています。ゆっくり、しっかり、安定したペースで食べる習慣を持っています。いい感情で食べていることは、表情を見ていればわかります。

もう1つ付け加えておきたいのは、日付です。

旬の物を食べる。**その季節の旬の物を食べるのが、開運のためには大きい**。その旬の時期の食材でない限り宿らない大自然の気というものがあります。

　これが体の中に入ると、そこから運のパワーを上げていく。おいしく食べながら、底力を上げていく大自然の気をゆったりと味わってください。

今日も自分の体を味わっていますか？

１　体と見えない世界の関わりを考える

またこんな顔かよ

開運の一つとして、自分の体に集中しよう。ここから考えたらいいと思います。

まずは、体のいろいろな仕組みを考えてみる。ここにある体は、毎日減っていく。どんどん垢が出ますが、あれは死んだ細胞です。一方で、新しい細胞も背骨周辺からどんどん生み出されています。

半年で体が入れ替わってしまうという話がありますが、人間の体は毎瞬間、毎瞬間、死んでいっているかもしれない。毎瞬間、毎瞬間、生まれ出てているかもしれない。

細胞レベルで考えたら、自分というものは、そういう存在です。

一期一会という言葉がよく使われるけれども、今ここにある私の体というものは、今しか体験できないそういう存在です。

その瞬間性、希少性の中で、どういうふうに体をいいイメージで考えるか。そこが大事になることがおわかりになるでしょう。

今、おいしいなと思ってゆっくり噛むことは重要です。さらには、歯磨きの所作、お風呂へ入る所作、そして体をマッサージしたりクリームを塗ったりしたりする所作、これらの一つ一つも重要です。

今している所作の中で、体に対して、ありがとう、ありがとうと言う。癒やされなさい、癒やされなさい、というイメージを繰り返し刻む。このことが、健康運を上げることにつながっていくのです。

私も若いときは、朝、鏡を見ると、またこんな顔かよ、と嫌になったことがありました。また仕事かよ、と思いながら、鏡を見つめた時期もあります。

しかし自分を見るのは、鏡で見るのではありません。心の窓で見る。それを心理学では自己像といいますけれど、どういうイメージで見るかです。

宇宙との大循環

この体というものは、どういうものなのか。

スピリチュアルなイメージでは、背骨は３３００年の先祖とつながっています。

背骨には33個の椎骨がありますが、これが１００年ごとに３３００年分の先祖とつながっていて、その先祖たちの意識のかけらは、この背骨の中で、今、私が生きるのと同時に生きている。そういうことが、よくいわれます。

古代チベットでは、人間の頭蓋骨は神の座だとされていました。

古代中国においても、この頭の上に百会《ひゃくえ》というツボがあると考えました。１００を超える宇宙の神々と常に交信する穴がある、霊的な穴が開いている。こう考えたのが百会です。

胸は、生き物の発するいろいろなにぎやかなエネルギーと、つねに交信しているし、お腹は食べ物から入ってきたさまざまな大地の気を体中に回すべく、霊的なパワーのミキサーになっている。そこで霊的なパワーが強められる。

排泄器官は、私たちの中に生じた嫌な感情から生じた邪気を、水や排泄物に変えて、少しでも外に出そうとする。

それがわれわれにとっては不必要なものであっても、他の生き物や微生物にとっては大変な栄養になったりする場合があるのです。

2　酸素だけ吸っている人とプラーナを吸っている人

体を味わう

社会教育家であった中村天風は、自分の体つきや背格好、顔つきに不満を抱く、伸び盛りの若者に対して、「おい、おまえ、自分を卑下して人糞製造機になるな」といっていました。

意味のある体を味わえ、といっているのです。いいイメージを感じられる人間になれ、ということが、この言葉の奥に刻まれているように思います。

古代インドでは、プラーナというものを食べなければいけない、という教えがありました。

現代のわれわれは、食物を食べているとか、空気を吸うとか、酸素を吸うとか、水を飲むとか、こういう単純な、もの対もののイメージで世界を見ています。

古代インドの賢人は、そういった自然界のすべてには、プラーナという見えない情報の塊が付随していると見ました。

プラーナという情報の塊を吸収する。次に、自然界にある「もの」が、どういう意味で形成されて、どれだけわれわれの喜びと直結しているかを考え、意識し、イメージにまで高める。それによって、初めて「もの」のプラーナは体の中に一体化する——古代インド人は、こう考えたのです。

同じ空気を吸っていても、酸素だけ吸っている人とプラーナを吸っている人では、違いがあります。

スモッグがひどい日だったら、どういう違いになってくるのか。

「わあ、スモッグを吸って、毒が体に入ってきた」と思うだけの人がいるその一方には、「いや、それでもこの大気の中にもプラーナはある」と信じて生きている人がいる。

体の運気の違いは、結果として寿命に表れてきます。寿命は、長生きしたからいい、短い生で死んだからダメだという話ではありません。

優秀な能力者や自然実践家が、短命で亡くなるということが時々あります。

その人のスケジュール帳を見てみると、心を打たれます。

元気になりたい人たちに、いろいろ教えるために、本当に身を惜しまず働いた結果です。それで短命で終わったんだなと感じます。

短くたって、とても濃い素敵な人生があります。たくさんの人に影響を与える人生があります。

何人ものそういう人生を見てきました。たくさんの自分の知恵の子が生まれる起点にいて、喜びをかみしめた人生だったなと、私は思うのです。自分の体に何を吸収するか、どういう意味を持たせるかということは、とても大事なことだと思います。

この体でよかった

私たちのこの肉体は、奇跡の現存在です。霊とものが接していることを唯一証明しているものでもあるし、さらに、そこからはほとばしるような命が出ている。

そうでありながら、人間はキュッと死んだ途端に、他の雑菌の食べ物になって、チーズのように溶けて腐っていきます。腐るということは、他の菌類の餌になるということです。

本当に不思議です。

他の菌類の餌になりやすいこの栄養分の塊が、それが生きている間、生のある最後の瞬間まで、この形を維持し100年存在しつづける。

水虫も菌ですけれども、水虫がちょっとできたって治してしまう。生きているこの体はすごいなと思います。

長生きは、幸せの一つのパーツです。

しかし、それだけでは全体は埋まらない。長生きできて、かつ、楽しい人生でなければ、幸せではない。

寝たきりではなくて、病気でもなくて、かつ、人の喜びに自分の存在がつながっていなければ、幸せではありません。

幸せとは、そういうイメージと直結することだと思います。自分の体がこの体でよかった、と思えること。私は、幸せとはそういう内容だと考えています。

第4章　恋愛・人間関係の開運術

恋愛は顔かしゃべりか性格か

1　自分を飾ることから恋愛を始める

一緒にいる醍醐味

恋愛がどういうものかは、誰でも知っています。皆さん人生の半分ぐらいは恋愛に費やすんじゃないでしょうか。

最近、恋愛に対するテンションが、若い人ほど低くなっているといううわさもありますが、私はそう思っておりません。

たくさん恋愛をする人ほど元気がいい。たくさん人間関係に関心を持つほど、元気がよくなります。

しかし、「たくさん」という意味は、たくさんの人数ということではなく、好きな人と多くの時間を過ごすことに尽きると思います。

一緒に美しいものを見たり、一緒に感動したり、一緒に直感を感じたり、共通のテーマを見いだしたりする。これが、恋愛および人間関係の開運において、一番の醍醐味だと思います。

このために必要なのは、飾ることです。

健康の開運術の章では、自己像の話をしました。恋愛の人間関係を開運するには、もう少し突っ込んで、自分の体自体が、どこかで人を喜ばせるような存在になる。素のままを、ちょっと工夫する。

それが飾るということです。

江戸の顔相術

江戸の顔相術の大家に、水野南北という人がいました。

この人は、自分の素の顔があまりにも醜いと感じられたので、逆に、顔と運命の問題に大変興味を持ち、顔相術というものを研ぎ澄ましていった人です。

彼が顔相の研究をはじめる以前の、江戸時代の中期・前期にあった伝統的な開運術は、中国の教科書の丸写しでした。そこには、俗にいう非常に整った、落ち着いた顔のスケッチが描かれていて、こういう顔が一番運がいいとされていました。

南北は、その教科書を見れば見るほど絶望していく。

本当に、顔相というものは意味があるのか。どんな醜い顔で生まれたとしても、運命を上げる方法があるのではないか。また、顔相や体相の中で、いい面を強調する方法は何かないのか。こういうことを研究していきます。

南北は、床屋さんに長く勤め、風呂屋の番台に長く座り、人の体というものを観測しつづけました。勤勉に務めながら、伝統的なもののなかにある、意味のない迷信を排除していく作業に取り組んでいたのです。

いまも、手相・顔相・体相を読む人たちがいますが、その占いのプロたちは、この南北の教科書を非常に大事にしています。１００パーセントが正解かというと、そうではないと思いますが、大変いいことが書かれている。

南北は晩年、「とにかく食べ物だよ」といったのです。

何にもまして、運を落とすのは、偏食と食べ過ぎだといっています。なるべく粗食で、少しずつ食べながら、バランスを取りなさいといっています。

バランスにたどり着いたのは、重要だと思います。

どんな人の顔の中にも、よい面と悪い面がある。悪い面ばかりほじくらないで、よい面を見いだすためにこそ、顔相術は必要なのです。

よい面を徹底的に能力として伸ばせば、どんな容姿であっても、人の役に立つことができる

――南北は、こういうことを感じ取ったのでしょう。

彼はたくさんの門下生を育てました。門下生がほうぼうに散って、たくさんの占い師に影響を与えたといわれています。

体に表れた悪い運命を補うのは、服であり、着飾ることであり、どういう人間が周りにいるかです。そういうことによって運命は変化してくる。これらがすべて飾るということです。

表情の作り込み

顔には、信じがたい影響力があります。

顔が顔に影響を与える。特に恋愛においては、好きになった相手の顔の影響をもろに受けます。伴侶の顔も影響を与えます。

不思議なことに、顔は好きな人のいい面は吸収するのです。ぜんぜん違う部品をしているのに、どこかそっくりになってきます。

顔は、部品ではないのです。表情のつくり込みで、印象が変わるのです。

われわれは、瞬間でパッと人の顔を見ますが、そのときに意外と見逃しているのが、頬の筋肉の動きです。表情を左右する一番重要なものが、頬と首の筋肉です。

運を開こうとするなら、そのことを思い出してください。

そして、定期的に首の筋肉の手入れをします。顎をちょっと前に出して、首の周辺、耳の下あたりを、人差し指と親指で引っ張りながらよくマッサージする。

この癖をつけると、顎の表情がすごくよくなってきます。

顎の筋肉が硬直せずに、よく動くようになると、口が優しい表情で動くようになります。そうすると、たくさんの人から愛されやすい顔になる。

頬に関してはどうするか。

これはもう、ひたすらマッサージすることです。化粧水のときもそうだし、クリームのときもそうだし、忘れずに頬のマッサージをよくする。

そうしていると、今度は目の表情が出てきます。顎は口の表情と関わっているし、頬は目の表情をよくする。

このふたつのマッサージを続けていると、本当に顔が変わってきます。

最近はもっと手っ取り早く、整形しちゃえという動きもある。

整形でも、一番重要なのは目と口です。化粧品の世界でも「目元・口元」といいますが、ここをどういうふうに緩めるかが、美しい笑顔のポイントになります。

自分の顔の評価は、自分が一番厳しいものですから、鏡を見ながら、笑顔づくりをいろいろやってみる。一番心地いい笑顔の表情を、自分で掘り出すことが大事です。

笑顔は、必ずしも左右同じではありません。緊張すると、顔のどちらかの側に偏って笑うようになります。

半分はよく笑っているけれども、もう半分はあまり笑っていない。笑顔がきちんと表現されていない側を意識して微笑むと、バランスが取れてきます。たくさんの人が「あ、いい笑顔だ」と感じるようになります。

顔の持つ魅力は、形ではありません。

形がのっぺりしているとか、目が離れているとか、口が出っ張っているとか、おちょぼ口だとか、出っ歯だなんていうこととは、意外と関係がない。

漫才の世界を見たらわかります。皆さん個性的な顔の人たちだらけです。この人たちが、人から不愉快だといわれることはありません。

顔の魅力は、素材に関係ないのです。

その人らしい最高の表情で好感を得て、多くの人を笑わせる。喜ばせる。そういうことで、人々を惹きつけています。

そのときの笑顔が素敵なのです。漫才の世界がそれを証明しています。

自分の笑顔は、自分でつくれるのです。顔の表情をよく緩めて微笑む。その笑顔を感じのよいものとして自信を持つ。

派手な笑顔ではなくて、自分が見て心地よいと感じる笑顔です。それを自分の笑顔とする。

このことも、開運では大変重要なことだと思います。

あげまん顔

「あげまん顔」があるかといわれれば、あります。顔相学の世界では、耳たぶをよく回したり引っ張ったりすることを勧めています。

こうすることで、あげまん顔になる。頬の上にある、帯状の筋肉をどれだけ緩めるか。いろいろな感情とともに、そこの筋肉がなめらかに、かつ活発に動くようになると、安全な人だという信号を顔が出します。

それがあげまん顔です。

特に、目の下の表情が止まっている人は、冷たく感じられてしまいます。また、口の表情が止まっていると、この人は貪る人だとか、意地汚い人だとか、悪いことを言う人だという印象が生まれます。悪いシグナルが顔に出てきます。

笑ったときに、歯茎を出さない人のほうが格好いいと思われがちです。

しかし、実際には、意外と歯茎を出して笑う人のほうが愛されやすい。そういう傾向があります。歯茎を出して笑う人は、唇の筋肉が発達しているからです。

口の周りも、よくマッサージする。そうして唇の筋肉をしなやかにする。顔というものは、よくマッサージする。動かない表情、硬い表情を緩めるためにすごく大事です。

三白眼

父親から、「社会に出たら、一重まぶたの三白眼の人に気をつけろよ。黒目が上に浮いて、目玉が白目がちなのが三白眼だよ」と教えられた息子が、駅の犯罪者のポスターを見たら、多くの人が一重だった。劇画を見るとわかりますが、凶悪さを表現するときに、よくそういう細い目に点のような小さな瞳を描いています。

俗にいう三白眼は、そういうものですが、顔相学でいう三白眼は、別のものです。三白眼は、クールないい顔なんです。三白眼の男は、いい男だし、女性の三白眼は、すごくきれいな眼です。三白眼とは、笑い方のある特徴のことです。

顔相学のプロは、「三白眼は、内側に対して笑っている顔だよ」といいます。いい顔ですが、笑顔がちょっとだけ。二重で、目もはっきりしている。だけど、内側に対して笑っている。そういう笑顔を見ると、どうもこの人の笑顔は冷たいな、と感じる。

その逆の笑顔をしているのが、福々しい恵比須さん・大黒さん顔です。

外側に対して笑っている。外側が喜んでいることがうれしくてしょうがない。子どもが遊んでいるときの表情です。

笑いというものは、内側にも向かうし、外側にも向かう。その両側に向かう表情なのです。クールな三白眼の人も、意識して外側を目指して笑えば、活発な印象に変わります。表情というものは、その人の運気を端的に表していると思います。

顔相は変えられる

顔相・手相は、直近の未来の運命を示しています。

今まで積み重ねてきたものをトータルして、金太郎飴のようになったその断面が、今の顔相、手相です。今どうかという状態が出ているだけですから、ここから先は変えることができる。いくらでも変わりますが、難しさはあります。今まで、自分の人生に催眠術を連続してかけてきたのです。多くの場合、それを意識していません。

断面を見て、はたして自分の悪いところを見つめ、自分に突きつけることができるか。それができないと、まず変える気にならない。

運命学の話をすると、多くの人が「なかなか運命って変えにくいですよね」といいます。運命学は、「運命は変えられるよ」といっているのに、「変えにくいですよね」といきなりいい出す。どれだけ強固な催眠を自分にかけつづけているかが、よくわかります。

「まだ何も方法論をいっていないのに、最初からできないって評論しちゃダメですよ」と言って、催眠術を解く方向に向けていくのだけれど、2分もしないうちに「ダメですよね」「ダメですよね」と、また連呼し始めるのです。

どうして、こういうためにならない否定をするのか。

挑戦に対する否定くらい、人生をつまらなくするものはありません。

否定が癖になっているのです。人のアドバイスを否定することで自己防御する癖を、家族とのコミュニケーションの中で形成させられたからです。

何でも受け入れてしまったら、親や周りのきょうだいが、ズカズカと自分の生活の中に入ってくる。何かを奪っていく。こういう警戒心から、ダメ、ダメという癖、否定する癖が生まれてきます。これが、否定が生まれるプロセスです。

ダメな性格ではなく、今まで家庭で繰り返してきたプロセスからきた自然な反応にすぎません。成人して一人前になれば、もうそんなものを恐れる必要はない。そのことを、自分に言い聞かせればいいだけの話です。

運命なんか、今すぐに変えられるんだ、ちょっとした所作で、少しずつ変えていけるんだと、ことあるごとに自分に言い聞かせればいいんです。

2　同じ価値観を持つ人との相性・真反対の人との相性

相手の親戚の名前

恋愛・人間関係において大事なことは、自分に合った人間関係を見いだすことです。

自分と同じ面がたくさんある人は、うまくいきやすい。コミュニケーションにおいても、仲間にするにしても、恋愛をするにしても、プラスにはたらきます。

相性を知るための面白い方法があります。

相手の親戚の名前をきいてみるのです。

親戚同士に、同じ名前がたくさんある、最低でも近しい親戚に一人はある、こういう共通点がある場合は、非常に相性がいい。

食べ物の好き嫌いが一致している相手とも、相性がいい。

いろいろ話していったときに、映画の好き嫌いも一致していた、人の好みも一致していた、色の好みもある程度一致している、乗り物、好きな街でも、一致する面が多い。共通点が多ければ多いほど、最初から楽しい関係になります。

真反対の性格

自分の仕事のパートナーとして、性格の真反対の人と組んだことがあります。

何度も経験しましたが、うまくやるためにはすごい労力がいりました。ビジネスパートナーの考え方が反対だと、お互いに、反対、反対とやるので、どちらもカリカリする。

そのとき、私は考えてみました。

なぜこの人は反対側のことを考えるんだろう。「最初から生みつけられた、ものの見方が真反対なんだな」と気づいて、反対側の価値観の人に少しでも寄り添うようにしました。そうすると、運気は上がっていくのです。

そういう行動を、私が相手に見せていると、相手も反対側の私のことを理解しようとしてきます。その後、私の元を去ったとしても、この人はやっぱり運気が上がっていく。

逆に、「おまえなんか違うわい！」といって、啖呵を切って辞めたやつは、やっぱりうまくいった試しがない。

違う、違う、を外に向けている人は、成功しません。本当によい人間関係は、そういう人のところには寄ってこないのです。やっぱりいい伴侶が現れてこない。

人間関係の好き嫌いの強い人ほど、激しく恋愛にハマります。

大体は、真反対な相手を追っかけたがります。好き嫌いの強い人は、心は弱い人ですから、真反対の人と恋愛をしたら、負荷が高くなって、簡単に壊れてしまう。すぐ別れます。

また次にも、そういうタイプの人と、手と手を取り合って恋愛関係になる。でも、またすぐ別れる。そして、自分は恋愛がうまくいかない、恋愛運がなくて不幸だ、不幸だ、という自己像評価に変わっていってしまう。

あえて反対側の人と仲よくなるなら、愛情は自然に任せないで育てなければなりません。その育てるプロセスを間違えてはいけない。

相手の愛情を育てようと思ったら、自分の愛情を先に育てて見せなければいけない。教えてやろうなんて態度は、絶対に通用しない。言葉で、相手の体質が簡単に変わったりはしません。いえばいうほど、戦争が止まらないわけです。

説得ではなく、対立を乗り越えるような代案として、喜びを提供しつづけることです。それだけが、恋愛運をよくします。

あえて反対の価値観を持つ人を選んだら、まずは自分の悪いところをしっかり見てから、自分のいいところを伸ばす。相手を変えようとしないで、喜びを与えつづける。そういう生き方をすると、いい関係に向かっていきます。

いい恋愛はお金を失わない

１　豊かな感情にいい筋肉をつける

家庭７割、仕事３割という逆説

いい人間関係を保っているとき、いい恋愛をしているときには、必ずお金が増えていきます。

ある人間関係のなかで、お金が減っていくとか、新しい恋愛で出費がかさんでいくのは、何かがおかしい。

愛されていないのに、うその愛情にお金を払いつづけている可能性があります。あるいは、貢ぎつづけているのかもしれない。

お金が一方的になくなっていくのは、決していい恋愛ではありません。相手を助けるためにお金を使ったにしても、その人から愛されていれば、必ずそれ以上のお金が別のところから入ってきます。

お金がどういう動きをしているかは、恋愛の運気が上がっているかどうかの大きなバロメーターになります。**恋愛の運気とお金の運気は、一緒に伸びるものです**。決して、バラバラな動きをすることはありません。

この話をすると、皆さん、いろいろ言い訳をします。しかし、実際に事実を見つづけていくと、この問題は切り離せないということがわかります。

いい結婚でも同じです。

3年にして落胆するような相手と結婚してしまったらどうするか。

そこから相手との関係を育てるんだ、そのために自分を育てるんだ、という観点をもって、ビジネスに集中し、いい家庭づくりに集中した人は伸びていきます。お金も入ってきます。

家庭とか伴侶の問題で重要なのは、家庭7割・仕事3割で考えることです。

こういうと、「バランスが逆じゃないか」とみんな言います。なぜ家庭が7割なのか。それは家庭7割でやっていると、仕事なんかやさしい、からなんです。

じつは、他人に気持ちを合わせるのは、簡単なことです。難しいのは、身近な関係です。好きか嫌いかを真剣に眺めている伴侶や、家族と仲よくするほうが、ずっと大変。

家庭で、真剣に自分を鍛えている人は、仕事では本当によく出世します。

家庭7割・仕事3割ですから、「出世もお金もあきらめなさい。そうすれば出世しますよ」

と、こういう面白い逆説になります。

価値観の距離

自分と価値観の近い人と一緒に過ごしたほうが気持ちがいいし、意見も合うから居心地がいいはずです。

しかし、反対の価値観を持つ人とパートナーになることがよくあります。付き合うには、どちらがいいのか。結婚するには、どちらがいいのか。

長い目で考えたら、反対のほうがよい。どんな環境にも左右されない、心の筋肉をつけた人のほうが、絶対に後々幸せになります。

自分の感情のコントロールは、愛情の開運術の基本です。

楽ちん同士で一緒になるケースでは、それが鍛えられない。高校のときからイチャイチャしていて、「とうとうあの2人は結婚したのか」というタイプのカップルは、打たれ弱いのです。どちらかが、がんになったり、何か不慮のことが起きると、立ち上がれない。相手との関係を水か空気のように思っていたからです。

ラブラブで、仲よし同士が結婚した場合、私がお勧めするのは共稼ぎです。お互いに外の人間関係の接点を持ったほうが、ラブラブが持続し、かつ強くなる。ずっと仲のいい夫婦でいられ、職場での人間関係、信頼、実績も増えていきます。

女詐欺師の人を見る目

同タイプの人は、同じ石につまずきます。笑い話みたいですが、同じ詐欺師にだまされることが、本当に起こるのです。

ある有名な女性詐欺師の話をしましょう。

その詐欺師は、30代ぐらいだったと思いますが、ある家族が、全員、バラバラにだまされていた。話し合ってみたら、そういうことがわかったのです。

おじいちゃんは貢いじゃっていたし、若いお孫さんは、その女性に真剣に惚れ込んでしまって、結婚相手と思っていた。

お母さんは、お友だちとしてお金を貸しちゃっているしで、全員が同じ詐欺師にだまされていた。その詐欺師は、家族をうまく分断して、しかも、自分の名前も身なりもファッションも変えて接していたのです。

家のお金がかなりなくなってから気がつき、「どうしたらいいでしょうか」と相談に来られました。その詐欺師はどこかに姿を消して、時すでに遅しです。

一番大枚をあげてしまったおじいちゃんが、「もうみんな忘れよう」と笑いながらいって、おしまいにした。

本当に仲のいい、体質がそっくりのご家族だったんだな、という証明であるかもしれないし、どこか面白い話です。

モテるしゃべり方

人間関係や恋愛がうまくいかない人の多くは、自分はしゃべり方がうまくないんだ、と思い込んでいます。

人間が人を好きになるのに、しゃべり方のうまい下手はあまり関係ありません。口先だけで、ペラペラいろいろなことをいって関心を集めたり、情報を積んでだますやつはいっぱいいます。

そんなやり方で築いた人間関係なんて、１年も続かない。ホストはよく女性をだますといいますが、それだって１年２年だましつづけたら表彰状ものです。

すぐに人間関係をよくしたいと思ったら、役に立つしゃべり方はあります。

Ａさんが、Ｂさんに話し掛けました。話し掛けるときは、クエスチョンマークで終わることが多いのです。

「今、私はここに初めて来たんですけれども、あなたはここの町のことをよく知っていらっしゃいますか？」

クエスチョンマークで終わっています。上手に返そうとすると、緊張したりしてなかなか大変です。

「え、僕も2年前に来たばかりで、この町のことはよく知りませんが」と返したら、Aさんと関係をつなぐことも、感情をつなぐことも断たれてしまいます。この町のことは知らなくても、関係をつなぎ、感情をつなぐ話し方があります。

「え、ここの町のことをよく知りたいとおっしゃっているんですね？」という話し方です。Aさんがいったことを、わかりやすくかみ砕いて、簡潔に返しただけです。

これをリピーティングといいます。

いろいろな場所でお話ししてきましたが、リピーティングされると、Aさんは、「私に、非常に深く関心を持ってもらったな」と感じます。

人間のコミュニケーションでは、答えを要求していることは、ごくごく少ないのです。「自分に関心を持ってくれているかな」、最低でも、「敵意は持っていないな」と確認するために、問いを発しています。そういう話しかけが、ものすごく多い。

この不安感を静めて、心地よくさせるためには、リピーティングが一番。関心を持たれていると安心したその人が、今度は、勢いよくしゃべり始めるかもしれません。

そうしたら、いろいろな言い方で相づちをうつ。丁寧に、よくうなずきながら聞いて差し上げることです。いちいち、違う意見を挟まないこと。そこがすごく大事になってきます。

２　地域を知り、マインドを知るための旅をする

ジャンケン人間関係

どこの人はどこの人に強いとか、苦手にしているとか、一種の人間関係の地政学のようなものがあります。

強くこの傾向がみられるのは、芸能界です。

芸能界では九州勢がものすごく勢力を持っています。芸能人の出身を見ると、九州勢は本当に多い。しかも、みなさん、すごい力を持っています。

関東の人は、九州の人や広島の人に弱いと見られていますから、西の人たちの出世は、関東の人たちが無意識に助けているようなところがあります。

ところが、最強と思われた九州の人たちは、関西人には弱い。

では、関西人が最強かというと、関西人は関東の人に弱い。

こういうジャンケン状態、三すくみといわれる状態が、この３つの地域の間であることは、昔からよく知られています。文献にもよく書かれています。いまだに、なぜそうなのかは、よ

くわかりません。

関東の内部では、関東で長く暮らした人が一番強くなる。

どこまでの範囲を関東人・関西人・九州人といったらいいかという問題はありますけれども、そこで生まれて育った期間が長ければ、そう呼んでいいでしょう。地域人としての特性が生まれる、十分の時間があるからです。

この三すくみの仕組みは、なかなか重いものがあると思います。土地によってやはり運気の質が少しずつ違っていて、得意・不得意があるということがいえると思います。

関東人と関西人

書店への本の営業で、全国を歩いたことがありました。そういう会社で出版部長をしていましたので、日本中を隅から隅まで歩きました。この営業をしてわかったのは、土地の気風が、本当にはっきりしていることです。

関西に行きますと、人々は、安くておいしい食べ物にたいそう敏感です。その価値観に寄り添えないと、関西では嫌われます。

関西の人は、一緒に過ごす時間を面白くしようとするマインドがすごく強くて、やっぱり商売の町だなと思わされます。私は、関西の文化は、金運というものを基軸に発展した文化だと思っています。

関西の人からいわせると、東京の人は冷たい。受け答えに、冷たさを感じるようです。東京の人は、「あ、そう」とよくいいますが、それだけで受け答えが終わってしまう。

関西では、「あ、そう」で終わる会話は基本的に認めない。必ず何か突っ込んだり、絡んだり、ボケツッコミをかましてきます。

お笑いでいうボケツッコミは、関西的な発想です。ずっとキャッチボールを続けて、話を楽しもうとします。こういう関西の気風から見たら、関東の人たちの受け答えは、紋切り型で冷たいと感じるでしょう。

関東の人たちからすれば、その逆になります。

関西や九州の人たちは、どうにも表現が元気よすぎる。あんなに人の心の中にズカズカ入り込むのはいかがかな、という感覚を持っている人も多いでしょう。

関東流・関西流・九州流と、それぞれにものの見方があり、異なっています。視点が変わって、そこが面白いと私は思います。非難したり、敬遠するのではなく、受け入れていくと運気も上がります。

イメージの旅をする

人間関係や恋愛の運気を上げようとしたら、旅をすることです。

じつは友だちを増やすだけで、「旅」はできます。各地出身の人との出会いの中で、いながらにして関東流、関西流、九州流が楽しめるのです。

島根人も個性的だし、広島人も個性的だし、四国の人も個性的で、四国も太平洋岸と瀬戸内側ではだいぶ気質が違います。そういういろいろな所の出身者とつきあってみると、旅をしているような面白さがあります。

東京は、なぜこんなに巨大に発展したのか。皇居があるということも重要な要因ですが、いろいろな都道府県出身者のるつぼだからではないか。

関東には、るつぼの中での切磋琢磨がありました。お互いに入り込まないで、適度に心の距離を保ちながら、適度に楽しく生きよう。こういう関東の気風が、そこで形づくられたのでしょう。

それがマイナスにはたらくと、隣で人が死んでいても1週間気がつかなかった、というようなことが平気で起こります。

一にも二にも、いろいろな都道府県の出身者と会って、その個性なり、方言なりを吸収し味わうこと。

方言一つとっても、面白いことがわかります。

南に行けば行くほど、大きく口を開けて、体の内側を冷やしながらしゃべる発音が多くなります。

北のほうへ行くと、なるべく口を開けないでしゃべる方言が多くなります。

言語学的にも、関東を境目にして、大きく口を開ける南方の方言と、大きく口を開けない北方の方言が、ほぼ半々だといわれています。

日本には、北方系の人間と南方系の人間が程よく、大陸やら南方の島々から来ています。これは非常によいことで、日本がこんな小さい島国でありながら、世界的に伸びた理由だと思います。

たくさんの、いろいろな土地の人を通じて、いろいろな土地のイマージュを豊かに持つことは、素晴らしいことです。

友だちを通じて、イメージの旅をすることも、重要な運気上げの方法だと思います。

フランス人気質

日本人は、つねに相手の感情に寄り添うことを気にかけます。国内にいると、当たり前なことなので、特に気がつきませんが、文化の違う外国に行くと、まざまざとそれを知らされることになります。

フランスに行ったときのことです。

パリを歩いていて、ルーブル美術館を見たいなと思いました。バス停でそこにいた男性に「ルーブルに行きたいんだけど、どこに行ったらいい?」と話しかけたら、その男性は「君はルーブルに行きたいのか、それとも美術を知りたいのか。どっちなんだ?」と問い返してきました。

「いや、それは当然、美術が知りたいから美術館に行くわけで」というと、「美術館だったらこっちもある、あっちもある。僕はこういう画家が好きで……」と、ずっとその話になって終わりません。

結局、彼の美術論を40分ぐらい聞かされることになり、その間にバスが2台行ってしまった。同行していた通訳は、「あれが典型的なフランス人気質なんですよ」といっていましたが、平均的なフランス人気質というよりも、その人の偏ったものの感じ方、表現の仕方じゃないかな、と私は思ったのですが。

会話そのものがいかに面白くても、こちらの知りたいことに沿ってもらえなければ、戸惑ってしまう。土地土地の気質は興味深く、面白いものですが、やはり、端的な答えが一番だなと思いました。

日本人にとっては、それが心地よい。相手がどういう感情で何を求めているか、それを感知して、相手の感情に少しでも寄り添う。ベストの対応は、気質を踏まえて、共通の感情を知るということでしょう。

第5章　生活・人生の開運術

セフィロトという生き方の知恵

1　人間の心の扱い方を示すセフィロトの樹

心の４つの足

古代カバラの概念を示す図が、セフィロトの樹です。

カバラは、ユダヤ人が古くから報身している神秘哲学で、その中にはオカルトというよりも、どのように人間は生きていったらいいかが書かれている。

神秘的な部分ばかりが、専門書では強調されるのですが、セフィロトというのは生き方の技術、考え方の技術ということです。生きることの、非常に重要な部分が、ここに書き込まれているといわれています。

私がよくいうことですが、人間の心には４つの足がある。その４つの足で、人間は心を際立たせているんだとお話しします。

直感を得ることと、何かを考えることと、感情を豊かにすることと、あと、感覚を向上させるという４つです。セフィロトの中には、こういったことがきちんと書き込まれています。

美しさが咲く

特にセフィロトの中で重要なのは、美という概念です。

美とは何かというと、具体的なある１つのものを思い浮かべることが多いでしょう。

宝石が美しいとか、物語が美しいとか、夕焼けが美しいとか、何かが研ぎ澄まされた貴重なものだけを、美しいものと感じています。

セフィロトの中における美は、行動指針です。

心の中に想起するものすべて、湧いてくるものすべてを美しさにつなげなさい、ということです。

誰にも、美しいものがありますが、セフィロトでは、美しさにつなげることが、心を安定させることになると強調しています。

お金も美しい、会社も美しい、自分の心も、どこかに必ず美しさがある。

このように美しさとどこかで結びつけるようにする。美しさとつなげて考える癖をつけておくと、何かのときに自己像が崩れなくなります。自分というものが、乱れないようになります。

ナルシシスト的に、鏡の前で、自分は美しいなんて思っているのは、偏っているように思います。美しさを、形、外側に求めますが、形の世界よりも自分の内側の心の中に目を向けるのです。

あの美しい宇宙と一つであり、全ての生命の根源にあるような喜びと一つであり、そして輝かしい未来と一つであるようなものが、生まれつきある。いつもそこで花開いている。枯れない花として咲きつづけている——こういうイメージを持つことは、すごく大事なことなのです。

「オムマニパドメフム」という言葉があります。

これは釈迦がいった言葉だといわれていますが、「泥沼の中にもハスの花が咲くように」という意味です。

ハスの花というのは、泥のたまったところにポンと最も美しいものとして花を開かせます。その姿のように、「心の中には美しさがつねに咲いているんだぞ」ということを表すのがセフィロトです。

そのセフィロトは、体にも当てはめられるのです。さまざまな考え方のプロセスに沿って、「体全体をつねに浄化しているんだぞ」といっています。

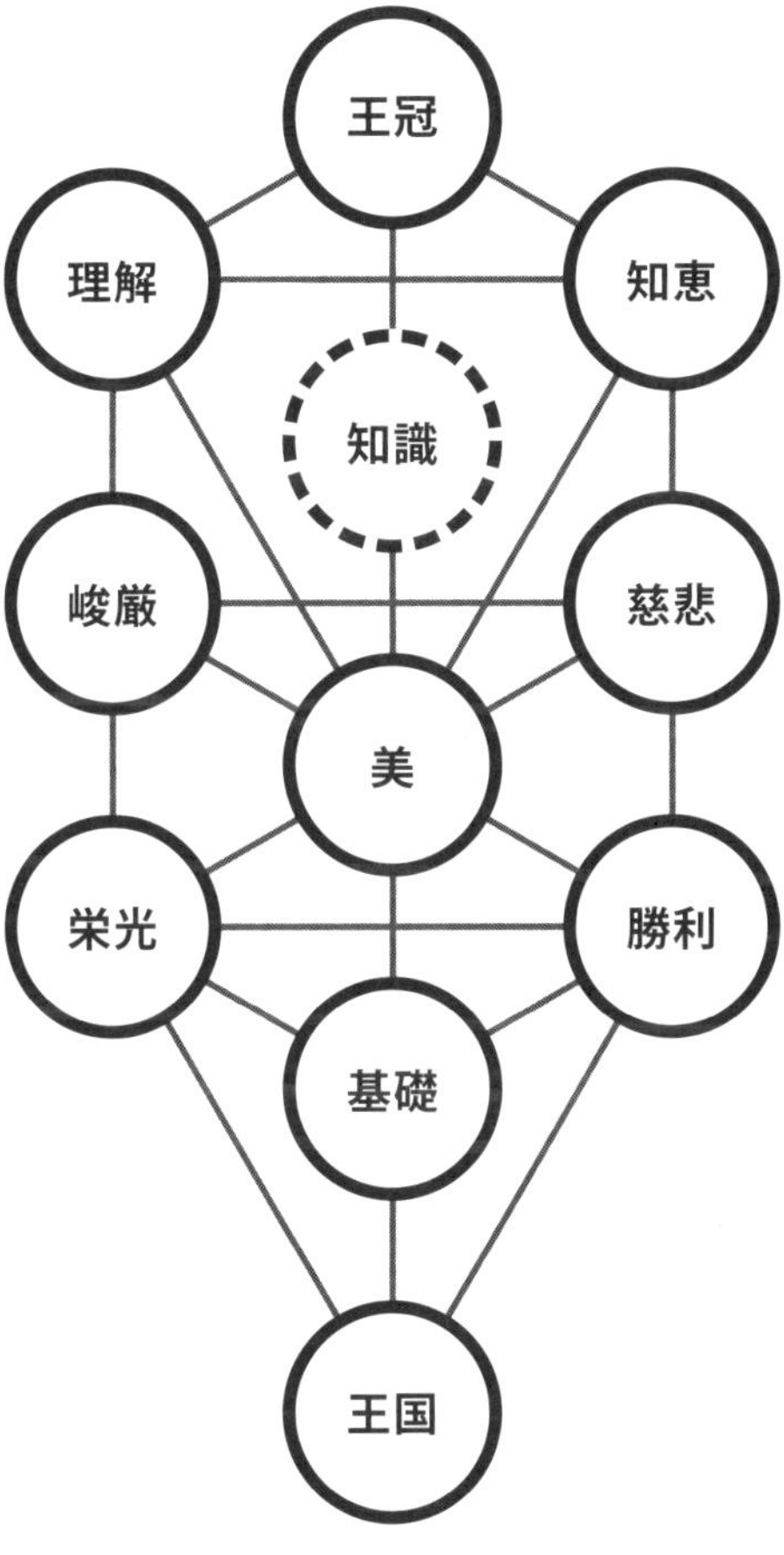

古代カバラの概念を示す
セフィロトの樹の象徴図表

2　人間の体をツボから眺める

3つの流れ

人間のセンターに、7つのチャクラがあると、よくヨガの人たちがいいます。チャクラというのは、ツボのようなものですが、古代インドにはなかった概念です。マダム・ブラヴァッキーという、今から百数十年前の神秘主義者が唱えて、それがあたかもインドのもののように定着してしまったものです。

そこを意識するだけで、われわれの気持ちが落ち着いたり、癒やされたり、力が出てきたりするといわれる場所は、7つどころか、中国の古典書などにあるツボの数だけあります。ツボは、力を引き出すスイッチになっているといわれています。

穴（ケツ）というのですが、1年の日数に近い360以上あって、体のセンター・中心部と、肩から下る両側、両足に抜ける、この3本線沿いに並んでいます。

あたかも樹木のように枝分かれして並んでいると考えるのですが、これはまさしくセフィロトの形そのものに相対する。そう私は見ているのです。

どういう場所に気持ちを集中するかで、さまざまに力が出てきます。頭のてっぺん、これは頭頂で、中国のそのツボの世界では百会《ひゃくえ》と呼んでいます。この頭のてっぺん部分に意識を集中すると、宇宙にある１００の精霊、１００の力とつながることができる。

それで百会というわけですが、ここは、そのさまざまな見えない情報、見えない力を吸収している場所です。これは常時働いていて、さらにそこを意識すると、非常に強くなる。

セフィロトの一番頂点に立つ場所で、最も完成された魂の姿がそこに濃縮されています。そこから力が全身に分配されていきます。体のセンターを流れるものと、体の両側に落ちてくるものがあって、これがそれぞれさまざまな能力と関わるのです。

父性性と母性性

人間の体には左右の問題があります。

体の左側は父性性、男性性と関わっているといわれています。父性性は、外側に広がろうとする力です。生きるフィールドを外側に広げよう、広げようとする。

新しいものに挑戦したり、勇気を持って冒険に出たり、何か新しいひらめきを元に仕事を始めたり、そういうチャレンジ意識と関わっています。

ただ、あまりに乱れて暴走すると、新しいことやアイデアばかり求めて、それを形にすることをもどかしく感じてしまうことがある。

焦りの心、落ち着かない心になってしまう場合もあります。だから、うまくバランスを取りながら、この左側の部分を発展させなければならないのです。

右側の部分は、母性原理とか女性原理といわれるものが宿っている。いろんなものを恐れずに受け入れていく力、受容力と関わっています。

当然、愛情の根源になる力です。私たちは、外側の新しいものに踏み出していく力と、既に内側にあるさまざまなものを広く受け入れてくる力と、この両極を体の左右両側に宿らせているわけです。

バランスの場所

センターが、左右の2つの力のバランスを取る場所。そこの探し方があります。百会の少し下の位置、つまり目と目の中間から額の付け根の間ぐらいにあります。

人によって少しずつ違いがあります。指でたたいていくと、一番インパクトを感じる場所です。そこが、その人のアジナチャクラといわれるところです。ここは、見る感性と関わっています。

いろんなものをイメージすることも、意識の中では見ることです。現実にある形を吸収することも見ることです。ここが、その見る感性と関わっている座です。環境から、美というものを感じ取れる場所です。

美は、そこにあるだけで人を歓喜させるものです。

美しいイメージをいっぱい持てるように、この辺りに意識を軽く集中して、目を閉じてのんびりする。この瞑想といわれる行為が、非常にそこの能力を向上させるために役に立ちます。

コミュニケーションの座

その次に重要なのは、喉の辺りです。最近、この喉周りには新しい臓器があるという説が発表されましたが、喉は重要な場所で、コミュニケーションを取ろうとしたときに真っ先に活性化するところです。

鼻・口・喉の3点を含む大きな円を、そこに描いていただいて、その辺りに淡く意識を集中してみてください。好き嫌いの障害を軽減させて、さまざまなものとコミュニケーションできる能力を高めます。

喉の辺りに軽く意識を集中しながらのんびり瞑想すると、表現するにも、受け入れるにも、コミュニケーション力が活性化してきます。その結果、人間関係が広がりやすくなる。それが、この座の特徴です。

感情を落ち着ける座

あとは胸。乳首と乳首の間、ちょうどそのセンターぐらいの場所は、感情の座です。

ここを意識することによって、感情を豊かにする。イライラしているときに、胸と胸の間に軽く意識を集中して、力を抜いてのんびりすると落ち着いてきます。

自分が気に入った音楽を聴いていると胸が温かくなるといいます。胸から喜びが広がるという表現もあります。胸のこの位置に、感情を落ち着ける場所があるからです。

さらに少し下がって、みぞおちの辺り、胃袋の前といいますか、あばらが中央で凹んでいるところの前下あたり。ヨガの世界では、ここは太陽神経叢《そう》といわれます。

今まで使ってきた悪い感情の弊害が、邪気となって体に漂っているという見方があって、それをきれいにする場所です。

ここの太陽神経叢に軽く意識を集中して、「輝く太陽のようなものがお腹の中にあるよ」と、イメージすると、体に悪影響を与えている過去のさまざまな邪念、疑念、想念が現れてくる。それを、光のイメージが解消します。

こうなれば、五臓六腑の気の流れも自然とよくなるわけです。

力を保管する電池

日本でも海外でも、昔からいわれる丹田という場所があります。おへその下5センチ、その奥5センチぐらいにあるともいわれていますが、下腹部全体に存在する。

丹田というのは面白い言葉です。「丹」は万能薬のことです。「田」は育ち蓄えるところという意味です。まさしくそのまんまの意味なんですが、丹田は、よい気の力を保管する電池のような場所です。

丹田に軽く意識を集中して、今までの生活の中で楽しかったこと、うれしかったこと、うまくいったこと、褒められたこと、理想的な表現ができたこと、愛されたと感じたこと、そういったものをちらちらと連想ゲームのように軽くイメージします。

これを観想するといいますが、頭の中に思い浮かべることによって、丹田は活性化します。電池が充電されていく。

体がつらいとか、重いとか、やる気が起きないようなときに、丹田に意識を集中すると、今度は今までチャージされたものが体中に分配されていく。だから、観想が大切になります。

いろんな楽しいイメージを、丹田を意識しながら思い浮かべる。これを気功とかヨガの古い概念では練功といいます。いいイメージと丹田という体の場所を、しょっちゅう結びつける。このことのあるなしの差が、非常に大きいのです。

瞬時の気力

瞬時に気力を出す重要な場所があります。それが、ひ丹田。これは性器とお尻の穴の間にあります。ふだんは眠らせておく場所です。

けれども**何か重要なことを成し遂げたい、しかも、この一瞬のチャンスでとか、この一瞬の出会いで、というようなときに、その場所に軽く意識を集中して、同時に百会という頭頂の場所を意識する。**

2カ所同時に意識する。これでもって瞬時に気力が出てくる。そういう場所です。

精神的な修行をした人が、クンダリーニとよくいうのがこれで、一番濃い気の力が、龍のように上昇する道筋です。

こういったことは、バラバラにいろんな宗教で、いろんな精神世界の修行の中で語られています。一番古いものは、セフィロトと体の概念を合一させたものから発生していると、私は見ているわけです。

先天的な美の意識

宇宙から来たものをよく理解して知恵にする。知恵にするということは、行動と結びつけることですが、そこで正しい知識になるわけです。

セフィロトの樹が図示しているように、一方には、下から上って学んでいくことがあり、もう一方には、瞑想的作業という上からこれを逆算していくような作業があります。

下から向上して、いろいろ考え方を美に結びつけようとした場合に、その順番で捉えていくということも書き込まれています。セフィロトには、非常に複合的生き方の知恵が畳み込まれていて、これを理解するだけでも、いろんなことが深くわかります。

われわれが道徳心と思っているものは、無理やり刷り込まれたものもあるし、国際宗教的な概念を押しつけられたものも多くある。しかし、本質的な美の意識というものは、先天的にあるものだと私は見ています。

腑に落ちないとよくいいます。腑に落ちるの「腑」は五臓六腑の腑ですが、体にその思いが入ってこないということで、まさしくセフィロトにきれいなものが流れないということです。滞ってしまうということを表しているわけです。

私たちは、好奇心がありますから、いろいろなものをイメージします。その中には、ダークなものも、明るいものも、ホラーも、恋愛物もあります。

どんなイメージの中にも、美しいという感覚を見いだそうとして眺める癖をつけると、比較的悪いことはしないようになる。そう私は思います。

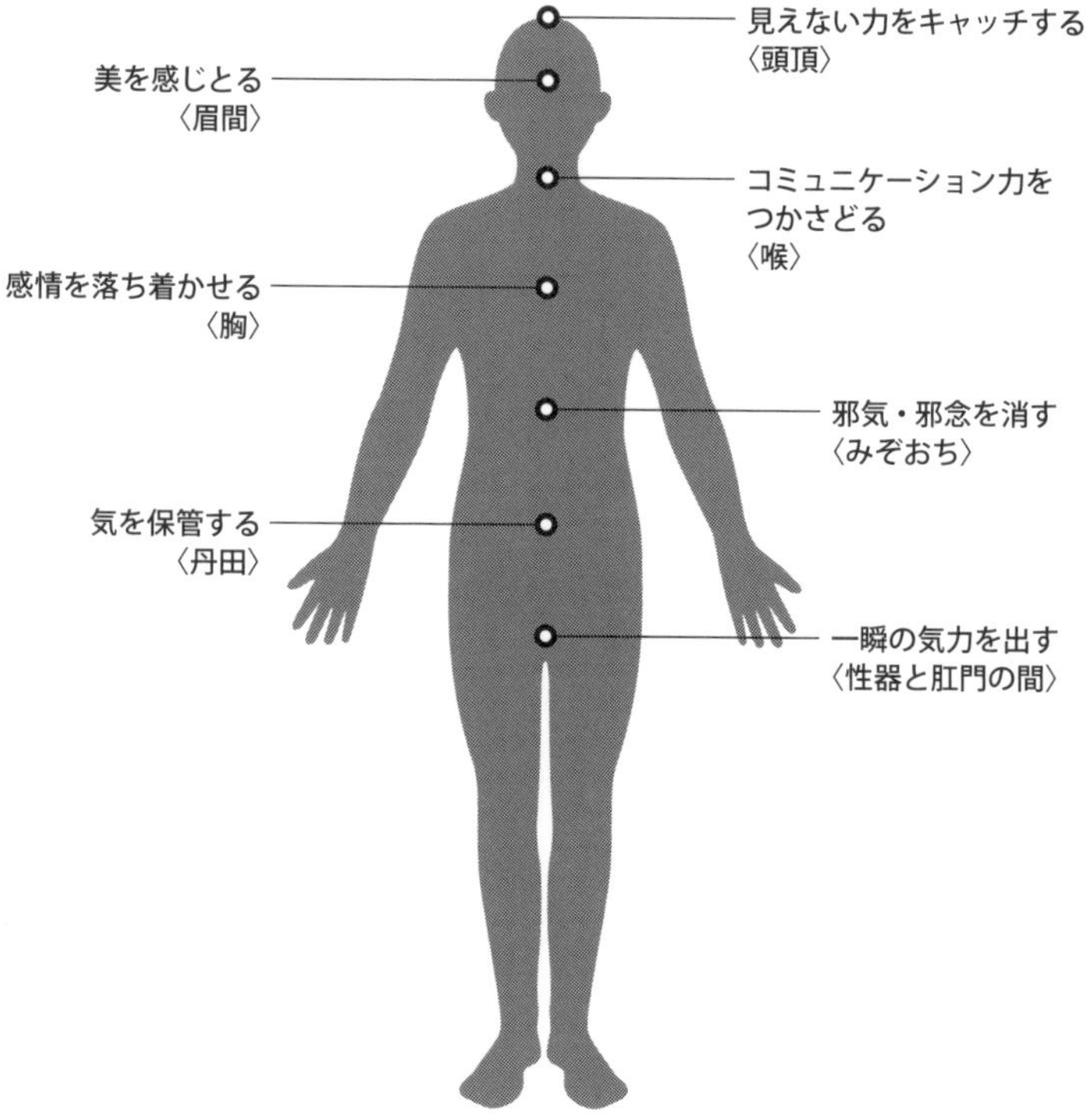

人間の体の代表的なツボ

～どういう場所に気持ちを集中するかでさまざまに力が出る～

人生を上昇機運に乗せるシンプルな訓練

1　直感という超能力は自分で磨ける

餓鬼の心を克服する

人生は嬰児から始まります。泣けば、親からミルクをもらえる。親に不快感を与えることで、ミルクをせしめられるわけです。人間は、そういう本能的な貪りから人生を始めます。子どもが悪どいことをしたときに叱る「このガキ！」という表現がありますが、人間に対するひとつの諭《さと》しではあると思います。

餓鬼は、人の喜びを考えないで不愉快感を与え、相手にあるものを貪る存在です。これが餓鬼の心。人間は、苦しくなるとそういう本能が出てきます。

この悪い餓鬼を客観的に見たり、戦ったりする意識があるのが、人間です。そこが、他の動物と少しだけ違うところじゃないかなと思います。

私たちは、理想的な心を求め、平和な生き方を求め、穏やかな生き方、発展する豊かな成功を求めますが、余分な恐れる心が出てきます。それを、どういうふうに消去していくかが、とても大事です。

トランプのロシアンルーレット

恐れというような余分な心、迷う心をなくして正しい直感を得る方法があります。私が提唱する「**消去法で勘を鍛える**」というやり方が、その方法です。

1995年に、私はソニー・ミュージックエンタテインメントから映像の教材を出したことがありました。そのときにソニーの幹部たちともトレーニングをしました。大きな体育館ぐらいの部屋を借りて、消去法で勘を鍛える練習をしたことがあります。

練習は単純な話です。

5枚のトランプを伏せて並べます。

そこのどこかにハートのエースが1枚入っている。

どれがハートのエースかを、勘で当てるのですが、勘で当て物をしようとしたときに、みんな5分の1を探し当てようとする。

最初からハートのエースを引こうとするのですが、本来はそうではないのです。

勘を正しく働かせようとしたら、ハートのエース以外のカードを、１枚ずつはぐっていく。ロシアンルーレット方式です。

そうやってめくっていくと、逆にコンスタントにハートのエースを直感する力が少し上がるのです。そのやり方には、ワクワクする心理効果があります。

実際にやってみると大変面白い。

勘を働かせようとすると、自分のもっている余分なものである餓鬼心を消すときの癖がはっきり出てきます。

ハートのエースを残せれば、その直感は餓鬼心ではなく、目的に到達した心です。その途中で迷いが出ます。不安が出る。傲慢さが出る。これが本当に面白い。５分の１の選択をカードでやるだけでも、そういったものがはっきりと見て取れます。

成功は感情次第

意識の中に不安感が高い人は、なかなかハートのエースを残せません。２枚目、３枚目で出てしまう。ものすごく不安の強い人は、下手すると最初の１枚目でハートのエースが出る。勘が整っていないのです。

何度か練習していくと、３枚目ぐらいまではいけるようになる。

でも、4枚目で間違える。最後の2枚で間違えるんです。

そこまでいった人は、不思議なことに、今度はイライラしてきます。自分のプライドが傷ついて、最後の1枚まで残そうとして何度も練習するんですけど、3枚目で出ちゃう。繰り返し出てしまう。

感情が崩れると餓鬼心が強くなり、消去法は失敗します。「なんで私はできないんだろう」とか、「もっと能力が欲しい」とか、こうしたい、ああしたいが強くなってくるんだけれど、やっぱり出てしまう。

光るあなたの直感力

3枚目で3回失敗を繰り返すというのも、ある種の超能力のようで面白いけれど、そうではなくスランプです。スランプにはまってしまったときは、逆に20枚ぐらいトランプを動員します。

20分の1に挑戦したほうがより格好いいし、それでできたら、よりすごい力だと自分に言い聞かせることができる。

20枚のカードを5つの山に分けます。または、さらに突っ込んで挑戦して、3つの山に分けます。

「ここはハートのエースはないな」といって、ごそっとひと山を消すのです。

そのひと山を全部めくってみて、ハートのエースがなければ、5分の1をやっているときよりも自信がつくでしょう。

今度は残りのカードをもう1回3つの山に分けて、またごそっと外します。そうやって迫っていくと、意外と最後の1枚まで残せるようになる。

ソニーで実験をしたときも、2時間ぐらいで大体みんな最後の1枚までいきました。全トランプを並べて、残せるようになっていきます。つまり、それぐらいの直感力は、誰でもどこかに内在しているということです。

ソニー社員が出した結果

消去法で練習すると、自分のこだわりが、繰り返し目的を阻害するのがよくわかります。それが癖になりやすいということも、よくわかってきます。

逆にそういうときほど、大きなリスクをトランプの中につくり出して、そこに挑戦する。それが成功すると、スーッと通って、最後の1枚まで選択を残せるようになる。ここが面白いところです。

目的があって、その目的のために余分なものを外していくという作業を、今までの自分が生きてきたプロセスとちょっと切り離してやってみる。

ワクワクするような、ドキドキするような奇跡が起こると思って、それを信じてやってみることが、カードを使った消去法の訓練です。

何度も何度も挑戦していくのは、面白い作業です。

ソニーでやった実験のときは、消去法以外に念力にも挑戦させたりしましたが、試験管の中に入っている針金を曲げる人が出てきました。

目的のために、自分が直感力がちゃんと働かすことができるんだという実績を積んだら、どんどん他のものに挑戦してもうまくいきやすくなります。これも大変面白いところです。

2　自分の心が許せば、みんな超能力者になる

超能力馬券

ある作家さんが、雑誌にコラムを書いていました。

超能力なんてものが本当にあるんだったら、競馬なんていくらでも当たる。でもそんなことをやった超能力者なんて見たことないと。だからインチキなんだ、というような単純きわまる論法で書かれていました。

悔しかった。それで、いろんな雑誌社の方、メディアの方と相談をして、競馬に挑戦することになりました。

何社かと組んで挑戦をしましたが、ほぼ連戦連勝で予測は当たりました。１着、２着が当ったのですが、私は予想だけで、お金は賭けていません。

そんな挑戦記事が幾つか出たあとで、あるものすごい大金持ちが、「秋山くん、行こう」と誘ってきました。銀座でそのお話をもらって、一緒に競馬場へ行きました。トゥインクルレースです。

１レースから、ほぼ最終手前のレースまで全的中です。とんでもない金額になっていきました。その周りの取り巻きも一緒に賭けていました。でも私は賭けなかった。

最終レースで、「今日は調子いいや」と思って、この日初めて、自腹で３万円を賭けてみました。これはまずしくじることはないと、超能力的な予測をしたら、賭けた馬はビリ１、ビリ２。

みんなもそれに賭けたのですが、全額突っ込んだわけじゃないから、皆さん、お金がけっこう残りました。

「やっぱり、超能力者は自分のことには能力が使えないんだね」なんていわれて慰められ、後でおすしをごちそうになったのですが、これも面白い話です。

欲の自己処罰

自分の欲から自己像の不安定さが生まれると、ストレスが出ます。ストレスが生じると、もうまくいかない。それまでの真逆になってしまう。

超能力研究の世界では、逆ＰＫとか逆ＥＳＰという言葉があって、能力者がちょっとでもストレスを抱えると、真逆の方向に結果が働くことが知られています。

欲が生まれていることがもう嫌なんです。人間は、欲そのものはあっていい。生きることすべてが欲ですから。

しかし、人間は、欲を自己処罰する。自分の中に生まれた目的のない無謀な欲を自己処罰します。それが逆ＰＫとか逆ＥＳＰという現象です。

人のためにやっているときは、皆さんが喜んでくれていると思いますから、自己処罰は起きません。競馬場に行って実験をしたときは、皆さんが喜んだから当たりつづけたのです。

自分も儲けよう、なんていうのは、やっぱり自分の心がどこかで許していないんでしょう。

自分で自分を許すのが難しいときがありますが、許すことができれば、必ず超能力は働きます。誰でも働きます。私はそう思っています。

自ら超能力を封印

多くの人が超能力を封印しているのは、自分で自分を許していないからです。

自分はそんな能力を使えちゃいけないんだとか、既存科学に従うんだとか、社会性は保たなきゃとか、そう思っています。

自分なんかが超能力を持ったら、破壊的な方向に使うとか、一部の利益にだけ使っちゃうとか思うのは、今までに超能力というものに付随してきた、さまざまな先入観があるからです。

私はここで、無邪気ということを強調したいのですが、まったく無心に、何か一点に集中すれば、心の力というものは必ず働くと思っています。

子どもの無邪気さに親が癒やされるのは、そういうところにあるんじゃないでしょうか。

私たち大人は曇る。曇るのはなぜかといったら、自分で自分を卑下したり罰したりするからです。当然これが積もり積もれば他人も許せなくなる。

それが今の情報過多時代のコミュニケーションの最大の問題でしょう。

自分が許せない。同時に、その許さない自分がそこに存在している社会が許せない。

それで、取りあえず社会からたたく。自分をたたくのは痛いからやめておく。

そういった乱れが、最近はちょっと目立つかなと思います。

集合無意識の迷走

不思議なことに、人間の集合無意識が持っているそういう迷走は、人間が望まない方に力を使う可能性があります。

アメリカでは、ついこの前、30カ所に同時竜巻が発生しました。こんな平和な時代に戦争をやらかしました。中国は覇権主義で頑張ってきましたが、ここへきて経済は失速しました。

いろんなことが、大きなところで逆に逆にと働き始めている。

これは、地球上のみんなが、自分の存在そのもの、他人の存在そのものにかなりの高度なストレスを抱えているからだと、私は思っています。

人生は博打と冒険

ストレスを消し去るのは難しいとみんないいますが、簡単なんです。

心身医学の祖といわれ、九州大学の医学部名誉教授だった池見《いけみ》酉次郎《ゆうじろう》先生が、端的にこういっています。

誰かから手紙が来た。その返事を出すか、出さないか。そこで迷っているうちがストレスだと。迷うぐらいだったら出せ、またはやめろと。こういっています。

ストレスを取るのは、こんな単純なことなのです。

ストレスは迷いから始まる。迷いは、恐れから始まる。恐れを持つのは防御反応としてでしょうがないにしろ、それを迷いにしないことです。

人生はなんやかんやいったって、つねに博打と冒険です。

単純にいってしまえば、これで済んでしまう。だからこそ楽しく祈り、楽しくやるしかないでしょう。

それが最大の開運法です。または、悪い運と戦う闘運法だと、私は思います。

3　イメージから磨く超能力

すでに成功の中にいる

つねに、自分は成功の中にいるんだと思うことです。

どんなことでも、成功にひも付けられる。こういう概念を持つことは、とても大事なことです。薄っぺらいポジティブシンキングだけでは、なかなかここにたどり着けない。

自分が何か作業をやると、必ずいつか完成する。この「必ず完成する」という信念を持つことです。

私はいつもこういいます。

家で5分の1のトランプで実験するにせよ、うまくいったときに実験をやめなさい、と。うまくいかないときにやめてしまうんではなくて、うまくいくまでやって、最後の1枚まで残せたら「おやすみなさい」で眠りにつく。ものごとを、必ず成功にひも付けするのです。どんなことだって、人間が思うことは、時間をかければいつかは到達できる。そういうものだと考えていただくのがいいと思います。

その概念を、より早めたり、リアルなものにすることもできます。一日一日、少しずつそれを練習したり、それのための積み上げをしたり、知恵を身につけたりすることです。

カード訓練は、直感を鍛える方法ですが、何か本を読んで考えれば、これは思考訓練です。考えるということを極めてもいいし、鍛えてもいい。感情を豊かにするために、いい音楽を聴いたり、おいしい物を口に含んだりしてもいい。感覚をよくするために、たくさんの写真集や映画や図鑑を見てもいい。

でも、必ずその4つのトレーニングの中のどれかを一日一回やる。

難行苦行ではなく、楽業でする。

社会における自分の力を、成功というイメージにしっかり結びつける。ふだんからそれを楽しんで練習します。これに慣れ親しんでくると、成功が身近に感じられてきます。

イメージで冒険する

成功の指南役とか、成功の実績がある人たちの言説を、私は１０００人近く調べました。また、いろんな能力を発揮した人たちも調べた。

こういう人たちには、頭に鮮明なイメージを思い浮かべる日々の鍛錬がありました。みんなに共通しているのは、頭の中のイメージで冒険することが、習慣化されていることでした。

それと、小さい労力で、たくさんの人を喜ばせることを、しょっちゅう考えている。

この２つのことが、成功のイメージと、ビジネスがしっかり結びつけられるポイントになるのです。

大きな成功や事業を考えている人は、やっぱり大きく考えています。

その大きなイメージや考えを、いかに最低の期間で、最低の労力で、最低のお金で具現化するか。そのアイデアのために、いろいろなことをやっています。しょっちゅういろんなものを、アイデアの素材として観察しています。

コンディションに敏感

成功する人は、自分の体を大事にしています。

変なナルシストじゃなくて、ちょっとけがしたら絆創膏を貼る。調子が悪かったらそれを気にして、「あれ？　おかしいぞ」と思ってお医者さんにかかる。メンテナンスをしっかりする。リラックスをする。旅に出る。ごく自然に、体というものを敏感に感じとっています。

体の状態を最良のコンディションで保つために、メンタルだけではなく、フィジカルに敏感な生活スタイルを持っていらっしゃる。ここも面白いところです。

計画的で無計画

昔も今も、コツコツ計画的に、が成功の王道でしょう。

大きいものを成し遂げようとしたら、たとえば10年で成し遂げようと、期日を決めます。そうすると逆算して、今日何をやるかが決まるわけです。それをコツコツと続ければ10年後には家が建つでしょう。高級車だって買えるでしょう。

この王道が実行できればいいけれど、これができない人たちは、つねに、ダメだ、ダメだ、計画が崩れた、崩れたを繰り返さなければいけなくなる。

大物たちは、計画的に何か行動することと、意外と無計画で行動することを並行してやっています。哲学では、アウフヘーベンというのですが、相反する両方の見方を採用しています。

計画的にコツコツやること、これがプランAです。

その傍らに無計画なプランBがある。

念じるだけで実現するサプライズの出会いとか、大物に認められるとか、人気が急に集まるとか、そういったことを期待する無計画さです。互いに相容れないものを抱えて平然としている。ここも結構ポイントです。

面白いことに、成功学の世界では、「綿密な計画と時間管理だ」という人と、「そんなことなんか絶対にやるな、とにかく眠りながら成功しろ」といったマーフィーのような人もいるわけです。

これは、どっちにも一理あるのです。**本当に成功した人たちは、両方を併用してやっています。**

そうするとどっちも飽きない。どっちも美しく見えてくる。

ここを知ることは、今までの成功学では垣間見られていないところなんじゃないかという気がします。

ビッグマウスになる

成功者は、ややビックマウスで語る傾向があります。

アファメーションといいますが、先に形をつくってしまう。結果のように現在をふるまう。

原因と結果を反転させたような行動です。

「僕はすでに成功しているんですよ」と、じつはお金は大変なんだけど、いい車に乗ってみたり、いいホテルに泊まってみたり、いいお食事をしたりします。

面白いことに、それを見た人たちが、その人の成功を信じてしまう。

成功学には、周りの信念が、その本人を成功させるという面があります。

成功者は、本能的にそういったものを知っていて、うまく活用しているように思います。

ドライ&クール

私は、人間の特殊な能力にずっと関わってきました。

神秘的な力、超能力みたいなものを持つ方をたくさん知っています。そのためか、個々の能力者についてよく聞かれました。

「Aさんていう人は、本当の能力者ですか」「Bさんは本物ですか」「Cさんは本物ですか」

本当かうそかというのを、皆さん知りたがります。ここは難しいところなのです。

先天的に、または幼少期にそういう能力が発現して、もともと本当の能力を持っている人はいます。別に修行なんかいらなかった、という人が結構いるのです。

そういう人たちは、孤高に、ドライ・アンド・クールに生きる人が多いのです。

矢沢永吉のように、「カモン！」と言っておきながら、「サイン頂戴」というと、「うるさい」と突き放すような生き方です。そういうスタイルで暮らして成功する人もまれにいます。天才型の能力者です。

自己イメージを美しくする

天才型ではなく、着実に成功する人は、幼少期とか青年期に多くのコンプレックスを抱えているタイプです。

コンプレックスについての問題意識を持って、それを乗り超えるにはどうしたらいいかを考え抜きます。ついには、アイデアを捻出して、それを少しずつやるという人が多い。

本当の意味で、工夫のための努力を惜しまない人です。特に、自分の心の力を整理するためのイメージを工夫しています。自分の内側のイメージ、外側のイメージを悪くしない工夫、周りの人にどう思わせるかという工夫をしているわけです。

天才型でも、こういう努力型でもなく、無意識にやってきている人もいます。

教祖みたいな人で、誰とはいいませんけれど、「あの人は本当にほら吹きで詐欺師みたいなやつだ」と思える人です。

そういう人に教団ができて３０００人ぐらいの信者ができると、突然予言が当たり始めたり、不思議な能力が出てきたりするのです。周りの人たちの信念が、その人に能力を授けるのです。

こういうことが、よくあるのです。

多くの人たちがプロパガンダをやりますが、特に権力思考の人は自己のプロパガンダを派手にやりたがる。ただ、それだけだと長続きはしない。

プロパガンダで宿った能力は、何かでたたかれたり、嫌われている人とぶつかったりすると、それをきっかけにして、消されてしまう。人気なんて、なくなるときは一気になくなります。

いろいろな能力者を見てきて思うのは、やっぱり、内側のイメージと外側のイメージを、より着実に拡大していく、美しくしていくという努力が大事だということです。

4 究極にあるのは無邪気さ

天真爛漫の境地での死

無邪気というのは、邪気がないということです。

邪気だらけの人のそばにいるのと、無邪気で楽しそうにしている人のそばにいるのとでは、大変な違いがあり、多くの人たちは無邪気な人のそばに寄って来ます。その人を愛でるし、面白がります。

私は、子ども心に悟ったことがありました。

うちの祖父の家は、漢方薬店をやっていました。いろんな、今でいうサプリメントを売るお店です。

そこで、店番を1時間ぐらい任されたことがありました。隣の女の子が遊びに来たりして、2人でキャッキャ騒いでいると、そういう時に限ってお客さんが来るのです。「騒いじゃいけません」と怒られて沈んでいると、全然お客さんが来ない。またキャッキャやると来る。

お客さんというのは、子どもたちが騒いでいることを妨害しに来るんだと思っていたぐらいでした。

無邪気でいるとき、楽しんでいるときは、何か人を引き寄せる力が発揮されるように思います。そういうところが、すごく大事で、人間に生まれつき宿った本質的なものだと思います。釈迦は、生老病死といって、人間が悩むものが４つあると説いたといわれています。それを超越する究極の心の在り方が、明るい無邪気さじゃないかと思うのです。

いろいろやって駄目なときは、工夫もなにもやめてしまって、ただ無邪気でいるのがいいのかもしれません。

旅に出たり、冒険をしたりするのは、無邪気さのトレーニングです。

『インディ・ジョーンズ』という映画を好きな人は多いと思いますが、ハリソン・フォード演じる主人公のインディアナ・ジョーンズは映画の中で、やめればいいのに何度も何度も命がけの危機に挑戦します。

お父さん役のショーン・コネリーと一緒に、危険の只中に打って出て、財宝を手に入れます。

心の冒険をすることは、この無邪気さのトレーニングになると思います。

なんでもいいのです。入ったことのない店にひゅっと飛び込んで、その店主の味を褒めてみる。今まで通勤したことのないルートで出勤してみたり、散歩をしてみたり。

そうすると不思議な花を見つけることがあるかもしれない。無邪気さが発見を生む、このことは、はっきりとあります。

ユングが建てた家

天真爛漫な冒険、無邪気さの冒険の大切さをじっくり考えてみると、人生で大切なことは何かがわかります。

自分で決めて、自分で計画して、自分でやる。そういうものを、人生の中で何か持っていることが大事なのです。

これが趣味の妙というものです。

利益にするかどうかを最初から考えるのでもなく、誰かの手を煩わせるのでもなく、自分で決めたことを、自分でコツコツとトレーニングをし、そして表現し、何か完成物を作ってみる。つまり、趣味とは創作です。

一番簡単なのは料理です。これはみんなが喜んでくれます。

私が面白いと思うのは、心理分析家として有名な、カール・グスタフ・ユングという人の話です。

晩年になって、心の中で何度も何度も直感的なものを感じようとすると、不思議な立体曼荼羅が見えるようになりました。ユングの研究によれば、その曼荼羅が見えるときは、もう人生の完成に近づいているときです。

ユングには、その曼荼羅の一部の凸凹が、どうもお城の形のように見えます。自分で石工の組合に入り、石の削り方を覚え、石を積んで、その城を建てていきました。自分一人で建てるのです。

それが、今スイスにあるユング研究所の建物です。

ユングは、突然なぜそんなことをしたのか。

やっぱり自分で決めて、自分でプロセスを味わって、そして完成させることが、自分を落ち着かせる最良の方法だと知っていたからだろう。私はそう思っています。

成功者を、１０００人以上見てきたと前に話しましたが、趣味という見方で見ると、皆さんは、非常にこだわった趣味を持っていました。

部品から自分でつくって模型を完成させるとか、トレジャーハンティングで石を拾いに行くとか、宝石を拾いに行くとかしています。

趣味で有名なのは、ヴァージングループの初代会長です。彼は冒険家で、自分でプランを立てて気球で冒険したり、船で海を渡ったり、いろんな事をやった人です。

周りが危ないからやめてくださいと頼むくらい、保険会社が「保険に入れないよ」というぐらい、危ないことに挑戦しつづけました。それらのことが、自分が本当に創造的で新しいことができる人間なんだという、彼自身の自信につながっていたんだと思います。

南無！　おお！

面白いことは、まだまだあります。

意外と、成功者に共通しているのは、何かキーワードがあることです。

宗教的な世界では、日蓮は南無妙法蓮華経、浄土宗は南無阿弥陀仏。

浄土宗は阿弥陀仏という絶対的な救いの中心を設定して、そこと自分がつながるんだというのが、このキーワードの意味です。

「南無《なむ》」というのは「おお！」という感嘆詞です。「おお！　阿弥陀仏様」と唱えることを、一つの大きな柱にしています。

旧日本軍は、このちっちゃい日本が世界と戦う上で、八紘一宇という概念をお題目にしました。

これは日蓮の影響を受けた宗教学者の田中《たなか》智学《ちがく》という人が最初に唱えた概念で、広いアジアを一つに統一するという意味です。

八紘というのは広い世界のこと。広い世界を一つにまとめる、統一させるというのが、一宇。その大義名分のために日本は動いているんだと、軍人たちを教育したわけです。

その結果がどうであったかは横に置いておくとして、成功した一つの概念だといえるでしょう。

多くの会社にも、スローガンやら、目的の唱え言葉やら、商品を売るためのわかりやすいコピーやらがあります。そういったものがあるのは、こういったちょっとした言葉に、我々は非常に影響され、イメージが深まるからです。

言葉の剣

言葉はすごく大事です。

失敗しやすい人がいますが、失敗を繰り返す人の言葉の傾向をカウンセリングしながらリサーチすると、だいたい10秒に1回は否定的な言葉を口にしています。周りが何か提案しても、それができない理由を探す。

「それはダメだね」「あ、これもダメダメ」「難しいですね」「できない、できない」「そんなことできるでしょうか?」と、疑問符がつくのです。

「やる前に疑問符をつけてどうするの」と、私はよく言うのですが、10秒に1回は否定的なことをいう傾向がある。

そういう人は、自分が他人に発している否定的な言葉で、自分にかなり強固な催眠術をかけています。それが癖になっている。

その癖がなぜ形成されるのかというと、できない、できないと繰り返し自分や周りに言い聞かせることで、平穏になると、どこかで信じているからです。それがネガティブマネジメントだと信じている。

みんなに、そういっていりゃ、みんなもできないよね。私にいっていりゃ、私も暴走しないよね。だから平和的な世界なんだと。こういう不思議なイメージ的洗脳が、自分の中に形づくられている。

まさに、ここが問題なんです。

それを突破するためには、言葉の剣が必要です。

スパッと断ち切るわかりやすい声援的な言葉があるといいなと思うのです。

先にもお話ししましたが、南無妙法蓮華経、南無阿弥陀仏。戦前の霊能者の大化け物といわれた出口王仁三郎は「かんながらたまちはえませ」という言葉をよく唱えました。

「神とともにあれば自分の御霊は何倍にも光り輝く」という意味です。

軍は八紘一宇でやりました。

神道家の友清歓真《ともきよよしさね》という人は、天照大神という神様の名前を「十言神咒（とことのかじり）」といって、これを繰り返し唱えるだけでも、人間はすごい力を生むことができるんだといっていました。

大きさと感謝

自分がまず信じられるもの、聞いて心地いい言葉を一つの自分のスローガンにします。

何か不安なときは、それを心の中で繰り返す。これだけでも力を得ることができる。

そのスローガンにする言葉には、まず「大きさ」を入れることです。

宇宙的大きさ。偉大だと信じられる神様の名前でもいいかもしれない。宇宙そのものを表す言葉でもいいかもしれない。広がりを説く言葉であってもいいかもしれない。まず大きさを入れるのです。

もう1つは、その大きさの素晴らしさ、美しさ、力強さがわかることを表明する。そこに対するリスペクトを表明したのが、南無阿弥陀仏という阿弥陀仏を讃える言葉です。

般若心経も釈迦の言葉だといわれていますが、締めの「ぎゃーてーぎゃーてー　はーらーぎゃーてー　ぼーじーそわか」というのは、「すごいぞ、見よ。俺は生きたまま彼岸、あの世に立つことができた。この肉体を持って、あの世を行き来することができたんだ」と、矢沢永吉の叫びみたいなことをいっているわけです。

スローガンは、そういう感動とか、感謝とか、そういったものの言葉です。大きさと感謝。これをうまく組み合わせると、自分を鼓舞する言葉が出てきます。

戦時下の時代には、武運長久《ぶうんちょうきゅう》という言葉がはやりました。

私には、戦いに勝つ運気が永遠に自分の中にあるんだ。これが武運長久です。永遠に自分の中にあるんだ、といっているところがすごいところです。

永遠という広さと、戦いに勝つという目的、それが一致しているわけで、非常に強力な言葉だと思います。

神とともにあれ

何かうまく組み合わせて、こういったものを、自己の中につくるといいと思います。

どう逆立ちして「科学が私を救う！」と叫んでも、なかなか救われるような気がしません。科学は部分だからです。

では、「神とともにあれ」、「私は神と一つにいる」という言葉ではどうでしょう。

古神道の言葉では「かむながら」といいますが、「神とともにあるんだ」というとき、その神様にはそれぞれの感じ方やイメージがあると思います。

しかし、科学のように部分ではない。「神」という概念は一番大きい概念です。神というのは「宗教臭くて嫌だ」と感じるのなら、これを「宇宙」と言い換えればいい。

宇宙でも神でもいいんだけれど、そういう**極大のもの、すべての限定を超えてしまった意思が、私を守っている。私と一つである――そう思うことが、開運学、成功学の究極だと思います。**

何が神のようなものかは、それぞれの自由。

天照大神という人もいるかもしれない。創造主という人もいるかもしれない。アラーという人もいるかもしれない。それらには全然隔たりはないのです。

ただ、自分がちゃんと信じられるものでないといけない。それが常に自分の傍らで自分を見ていてくれるんだ、どこかでつながっているんだよ、と信じられなければ。

幽霊のお祓い

「南無妙法蓮華経」の「南無」というのは感嘆詞「おお！」です。「妙法」というのは、二つとない素晴らしい法であると。「蓮華経」は、蓮華経そのものです。

蓮華は、釈迦の「オムマニパドメフム」に共通しています。泥沼の中にもハスの花が咲くように、心の中に最も美しく強大なものがあるという意味です。日蓮の説いた究極、「宇宙即我我即宇宙」です。

それをハスの花と表現している。それが蓮華。そういう大きさ、美しさとつながっていれば、このお経はさらに映えるものだと思います。

私は創価学会の信者でも日蓮宗の信者でもないんですが、「南無妙法蓮華経」を唱えることがあります。幽霊のお祓いを頼まれて行くことがあって、いろんな場所へ行って、いろいろ唱えてみますが、やっぱり信者数の多い言葉は効くのです。

日本の幽霊にも聖書は効きます。

南無妙法蓮華経はものすごく効きます。南無阿弥陀仏もよく効く。

非常にマニアックな宗教の唱え言葉は、意外と効きません。

たくさんの人が信じているものは、それだけ力を持つんだなと思いました。３０００人の信者がいれば、という話じゃないけれど、そういうものもうまく使えば味方になるということでしょうか。

神懸かる日

イメージをしたり、祈りをするときに、それが効きやすい日付があります。**水曜日に祈ると効きやすい**。水曜日は超常現象が起こりやすいのです。奇跡も起こりやすい。

また、月の23・24日に祈るといろんなものが現実になります。どうもこの数字の認識に意味があるようです。

旧暦のときは旧暦の23・24日。旧暦の23日というのは、日本では神様を待つ祭典の日です。庚申塚のお祭りは23日です。これは旧暦のですが、新暦になってからは新暦の23日になっています。ここは面白いところです。

二十三日の夜に、どこかの家に人々が集まり、酒食や長話などを楽しみながら、月が出るのを待ち、二十三夜の月を拝む——「二十三夜待ち」と呼ばれる、月待ちの行事は日本古来の風習としても有名です。

２０２２年の11月23日は水曜日にぶつかりますから、この日は何か超常現象も起こりやすいかもしれないし、その日に祈ると、それは具現化しやすいということはいえると思います。

（編註：２０２２年サッカーW杯カタール大会で、日本が優勝候補ドイツを相手に奇跡的な勝利をお

さめ、ジャイアントキリングを起こしたのが11月23日水曜の夜。著者執筆時は10月だった）

節に祈る

祈りによいのは、あともう1つあって、それは節です。

節分、桃の節句、端午の節句、七夕。9月9日菊の節句。こういった節の時に祈るのも非常に力があります。

特に月と日がゾロ目になるとき。11月11日だとか、12月12日だとか、8月8日だとか、そういったときも、神懸かりやすい。

神様という大きな力と、本当の意味でつながりやすいということがいえます。

だから、こういったときの祈りを欠かさないで続けると、意外と開運には近道ですよ、というお話です。

日限をする

最後にいえることは、成功の期日を切ってみること。

「3年後には成功している」と考えることは、すごく重要です。

期日を切ることを日限《ひぎり》といいます。

日本には日限地蔵信仰というものがあって、日を決めて念じ、お地蔵さんに願を掛けると叶いやすい。

日限地蔵は、板橋にもありますが、日を切って念じるのは、すごく効果がある。ぜひ試していただきたいです。

月の前半は運気が揺れています。

飛行機事故の特異日は６日前後ですが、大きな事故は６日前後に起こるという統計があります。物事が崩れやすい、変わりやすいのは、月の前半にある。

月の前半は、精神的に勇み足する。気負いすぎて、ぶれるのです。

終わりもぶれるのですが、その手前の23日あたりは、ちょうどいい感じです。

何か期間を決めたときに、３分の２まで来たところは、一番安心するんだと思います。

著者略歴
1960年、静岡県下田市に生まれる。国際気能法研究所所長。大正大学大学院文学研究科宗教学博士課程前期修了。少年期から超能力者として有名になり、その後、ソニーやホンダ、富士通など多数の大手企業で社員の能力開発や未来予測のプロジェクトに関わる。数万冊の古文書・古書を所蔵し、精神世界、宗教、パワースポット、日本人の呪術・霊術を研究。
著書は、『山の神秘と日本人』（さくら舎）、『リアル・シンクロニシティ・フォースカード』（JMA・アソシエイツ）、『しきたりに込められた日本人の呪力』『怖いほど願いがかなう　音と声の呪力』（共に河出書房新社）など100冊を超える。

宇宙《うちゅう》意志《いし》が教《おし》える最強《さいきょう》開運術《かいうんじゅつ》
——これで開運《かいうん》できなければあきらめてください

二〇二三年四月一二日　第一刷発行

著者　秋山眞人《あきやままこと》
発行者　古屋信吾
発行所　株式会社さくら舎　http://www.sakurasha.com
東京都千代田区富士見一-二-一一　〒一〇二-〇〇七一
電話　営業　〇三-五二一一-六五三三　FAX　〇三-五二一一-六四八一
編集　〇三-五二一一-六四八〇
振替　〇〇一九〇-八-四〇二〇六〇

装丁　アルビレオ
著者写真　稲村不二雄
カバー写真　k_yu／PIXTA
印刷・製本　中央精版印刷株式会社

ISBN978-4-86581-383-8